职业教育新能源汽车专业"互联网+"创新型教材

纯电动汽车

电机及传动系统检修

天津职业技术师范大学
汽车职业教育研究所　组编

主　编　石发晋　周　毅　夏文军
副主编　赵　利　张晓芳　倪佶松
参　编　魏开新　台晓虹　孔倩倩

机械工业出版社

本书采用基于工作过程的方法开发，内容以典型工作任务为载体进行组织，主要包括动力总成认知与拆装、电机拆装与检测、电机控制系统拆装与检测三个学习情境。每个情境下包含若干学习单元，每个学习单元以实际工作任务进行导入，理论知识包含共性知识和个性知识，实践技能部分的内容讲解以吉利 EV450 车型为例。

本书适合于开设新能源汽车技术专业的职业院校使用，也可以供新能源汽车技术培训机构使用，还可作为汽车维修从业人员的学习参考书。

本书配有电子课件、二维码视频、任务工单及答案等教学资源，凡使用本书作为教材的教师，均可登录机械工业出版社教育服务网 www.cmpedu.com 注册免费获取，也可加 QQ：1006310850 咨询获取。

图书在版编目（CIP）数据

纯电动汽车电机及传动系统检修/天津职业技术师范大学汽车职业教育研究所组编；石发晋，周毅，夏文军主编. —北京：机械工业出版社，2021.8（2024.3 重印）

职业教育新能源汽车专业"互联网＋"创新型教材
ISBN 978-7-111-68494-7

Ⅰ.①纯… Ⅱ.①天…②石…③周…④夏… Ⅲ.①电动汽车 – 车辆检修 – 职业教育 – 教材 Ⅳ.①U469.720.7

中国版本图书馆 CIP 数据核字（2021）第 118217 号

机械工业出版社（北京市百万庄大街 22 号　邮政编码 100037）
策划编辑：于志伟　责任编辑：于志伟
责任校对：张　征　封面设计：张　静
责任印制：常天培
北京机工印刷厂有限公司印刷
2024 年 3 月第 1 版第 4 次印刷
184mm×260mm・8.5 印张・135 千字
标准书号：ISBN 978-7-111-68494-7
定价：44.50 元

电话服务　　　　　　　　　网络服务
客服电话：010-88361066　　机 工 官 网：www.cmpbook.com
　　　　　010-88379833　　机 工 官 博：weibo.com/cmp1952
　　　　　010-68326294　　金 书 网：www.golden-book.com
封底无防伪标均为盗版　　　机工教育服务网：www.cmpedu.com

前言

2015年10月30日,我国工信部正式发布《〈中国制造2025〉重点领域技术路线图(2015版)》,明确提出纯电动汽车和插电式混合动力电动汽车、燃料电池电动汽车是我国未来在新能源汽车领域的重点发展方向。2020年,中国汽车工程学会发布《节能与新能源汽车技术路线图2.0》再次对新能源汽车技术发展提出了明确的思路和路径。

随着我国新能源汽车行业的快速发展,急需大批懂新能源汽车维护和维修知识的人才。目前,我国职业院校肩负着培养新能源汽车技术技能人才的历史重任,我国已经掀起了开设新能源汽车专业的热潮。天津职业技术师范大学汽车职业教育研究所联合职业院校、企业,组织编写了本系列理实一体化教材。本书适合于开设新能源汽车技术专业的职业院校使用,也可以供新能源汽车技术培训机构使用,还可作为新能源汽车从业人员的学习参考书。

本系列教材采用基于工作过程的方法进行开发。编者在对新能源汽车技术技能人才岗位进行调研后,分析出岗位典型工作任务,然后根据典型工作任务提炼了行动领域,在此基础上构建了工作过程系统化的课程体系。为方便职业院校开展一体化教学和信息化教学,编者为系列教材开发了"新能源汽车专业课程及教学资源库平台",为每一个学习单元配套了教学设计、教学课件、任务工单、微课视频、VR视频、教学动画等丰富的教学资源。

本书内容主要包括动力总成认知与拆装、电机拆装与检测、电机控制系统拆装与检测三个学习情境,每个情境下包含若干学习单元,本书全部内容均在实车上进行了验证。每个学习单元以实际工作任务进行导入，理论知识包含共性知识和个性知识，实践技能部分的内容讲解以吉利 EV450 车型为例。

本书由青岛军民融合学院石发晋、天津职业技术师范大学周毅、青岛军民融合学院夏文军担任主编，山东交通技师学院赵利、青岛市技师学院张晓芳、德州市交通职业中等专业学校倪佶松担任副主编，天津职业技术师范大学魏开新、台晓虹和青岛军民融合学院孔倩倩参编。

本书在编写过程中，得到国家重点研发计划项目"网络协同制造技术资源服务平台研发与应用示范（2018YFB1703500）"的支持，为专业技能人才培养提供了丰富的资源。在本书编写过程中，天津闻达天下科技有限责任公司提供了大量设备和技术支持，在此表示衷心的感谢。在编写过程中参考了大量国内外相关著作和文献资料，在此一并向有关作者表示感谢。

由于编者水平有限，书中难免有错漏之处，敬请读者批评指正。

天津职业技术师范大学汽车职业教育研究所

二维码索引

名称	二维码	页码	名称	二维码	页码
动力总成认知		2	电机控制器认知		59
减速器总成拆装		13	拆卸电机控制器线束		66
驱动电机认知		28	驱动电机水道气密性检查		98
测量旋转变压器电阻		49			

目 录

前言

二维码索引

学习情境1　动力总成认知与拆装 ··· 1

学习单元1.1　动力总成认知 ··· 1

1.1.1　动力总成布置形式 ··· 2

1.1.2　吉利帝豪EV450轿车动力总成系统 ···························· 4

1.1.3　驱动半轴的更换 ··· 7

学习单元1.2　减速器拆装与检测 ·· 12

1.2.1　减速器的功能 ·· 13

1.2.2　吉利帝豪EV450轿车减速器的结构 ·························· 14

1.2.3　减速器传动系统控制原理 ···································· 15

1.2.4　减速器总成分解和组装 ······································ 18

学习情境2　电机拆装与检测 ·· 27

学习单元2.1　永磁同步电机更换 ·· 27

2.1.1　电机驱动系统概述 ·· 28

2.1.2　电磁转换基本原理 ·· 28

2.1.3　永磁同步电机概述 ·· 29

2.1.4　永磁同步电机结构 ·· 30

2.1.5 永磁同步电机工作原理 ……………………………………………………… 31
2.1.6 吉利帝豪 EV450 轿车驱动电机连接线束 …………………………………… 35
2.1.7 驱动电机更换 …………………………………………………………………… 36

学习单元 2.2　永磁同步电机检测 …………………………………………………… 44
2.2.1 驱动电机的基本概念 …………………………………………………………… 45
2.2.2 电机的分类和特点 ……………………………………………………………… 46
2.2.3 吉利帝豪 EV450 轿车驱动电机的组成 ……………………………………… 47
2.2.4 永磁同步电机低压线束端子检测 ……………………………………………… 50
2.2.5 永磁同步电机绝缘电阻检测 …………………………………………………… 52
2.2.6 驱动电机异响、强烈振动或转速和输出功率达不到要求的
      故障诊断 ………………………………………………………………………… 54

学习情境 3　电机控制系统拆装与检测 …………………………………………… 58
学习单元 3.1　电机控制器拆装与检测 ……………………………………………… 58
3.1.1 电机控制器的功能 ……………………………………………………………… 59
3.1.2 电机控制器的结构 ……………………………………………………………… 62
3.1.3 电机控制系统的工作原理 ……………………………………………………… 63
3.1.4 电机控制器的更换 ……………………………………………………………… 65

学习单元 3.2　电机控制系统性能测试与故障排除 ………………………………… 72
3.2.1 电机控制器工作原理 …………………………………………………………… 72
3.2.2 IGBT 模块 ……………………………………………………………………… 72
3.2.3 电机控制器低压供电回路故障检测 …………………………………………… 79
3.2.4 电机控制器通信故障检测 ……………………………………………………… 83
3.2.5 电机过温故障诊断 ……………………………………………………………… 86

学习单元 3.3　冷却系统认知与检测 ………………………………………………… 90
3.3.1 电机及控制器冷却系统的概述 ………………………………………………… 90
3.3.2 吉利帝豪 EV450 轿车动力总成冷却系统的工作原理 ……………………… 90
3.3.3 电动水泵不工作的检测方法 …………………………………………………… 95
3.3.4 电动水泵的更换 ………………………………………………………………… 98
3.3.5 冷却风扇总成的更换 …………………………………………………………… 100

参考文献 ……………………………………………………………………………… 104

学习情境 1

动力总成认知与拆装

学习目标

1. 能通过与客户交流、查阅相关维修技术资料等方式获取车辆信息。
2. 能根据故障现象选择合适的维修手册。
3. 能够认知动力总成各个部件及基本的高压连接电路。
4. 能正确对驱动轴零部件进行更换。
5. 能正确对减速器进行拆解。
6. 能根据维修手册将减速器与其他总成部件断开连接,将其从电机上拆卸下来。
7. 能正确对高压部件进行安全防护拆装。

学习单元1.1 动力总成认知

情境导入

一辆吉利帝豪 EV450 轿车转向行驶时,右前轮处发出间断性噪声。经检查,右半轴的固定球笼式等速万向节磨损严重,更换新的右半轴后,上述故障现象消失。

 理论知识

动力总成认知

1.1.1 动力总成布置形式

电动汽车动力总成系统主要由电机控制器、驱动电机、减速驱动桥和传动轴等组成。动力总成系统是电动汽车的主要系统，它决定了电动汽车的行驶性能。

纯电动汽车的动力总成系统布置结构主要有 3 种典型形式，即传统的驱动方式、驱动电机与驱动桥组合的驱动方式和轮边电机分散驱动方式。

1. 传统动力总成布置形式

传统动力总成仍然采用内燃机汽车的动力总成布置形式，包括离合器、变速器、传动轴和驱动桥等总成，只是将内燃机替换为驱动电机，是在燃油车基础上改型的电动汽车。这种布置形式可以提高电动汽车起动和上坡时的转矩，增加低速行驶时电动汽车的后备功率。这种动力总成布置形式有驱动电机前置—驱动桥前置（F-F）、驱动电机前置—驱动桥后置（F-R）等驱动模式。这种动力总成布置形式结构复杂、传动效率低，不能充分发挥驱动电机的高效性能。在此基础上还有一种简化的传统动力总成布置形式，采用固定速比减速器，去掉了离合器，这种布置形式可减小机械传动系统的质量，缩小体积，而且减少了传动环节，提高了传动效率。传统动力总成布置形式如图 1-1-1 所示。

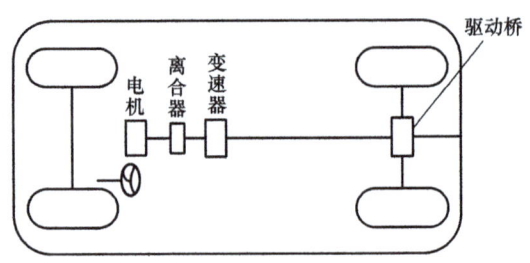

图 1-1-1 传统动力总成布置形式

2. 驱动电机与驱动桥组合式动力总成布置形式

驱动电机与驱动桥组合式动力总成布置形式即在驱动电机端盖的输出轴处

加装减速齿轮和差速机构等，驱动电机、固定速比减速器、差速器的轴相互平行，一起组合成一个驱动整体。它通过固定速比减速器来放大驱动电机的输出转矩，不进行换档，省掉了离合器。这种布置形式结构紧凑，传动效率高，便于安装，但对驱动电机的调速能力要求较高。按传统汽车的驱动模式来说，可以有驱动电机前置—驱动桥前置和驱动电机后置—驱动桥后置两种方式。这种动力总成布置形式具有良好的通用性和互换性，便于在现有的汽车底盘上安装，使用与维修也较方便，如图1-1-2所示。

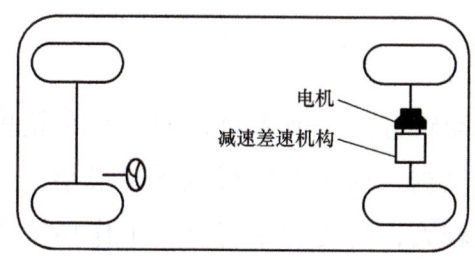

图 1-1-2　驱动电机与驱动桥组合式动力总成布置形式

典型的驱动电机与驱动桥组合式动力总成布置形式是由驱动电机和减速驱动桥两大部件组合而成的。根据设计要求，驱动电机和减速驱动桥分别由不同的厂家设计、生产，由主机厂整合而成，驱动电机与减速驱动桥并不同轴，如图1-1-3所示。

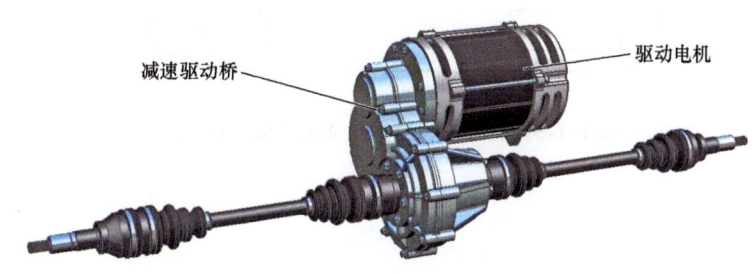

图 1-1-3　典型驱动电机与减速驱动桥组合式动力总成布置形式

随着电动汽车不断发展成熟，主机厂和大型零部件制造商对于电机驱动系统的整合能力不断提高，电机驱动系统逐渐演变为一个整体，驱动电机与减速驱动桥同轴，即电机驱动总成系统。其结构更加紧凑，占用空间更小，更便于电动汽车总成的布置，如图1-1-4所示。

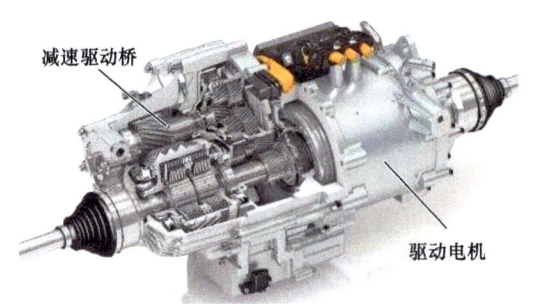

图 1-1-4　电驱动总成系统

3. 轮边电机分散式动力总成布置形式

轮边电机安装在驱动轮旁边，或者直接安装在车轮里，主要有内定子外转子和内转子外定子两种结构。这种布置形式质量最小，传动效率最高，但驱动电机随车轮跳动，振动较大，易受泥水污染，工作环境恶劣，而且增大了车辆的簧下载荷，给车辆操控稳定性带来不利影响，如图 1-1-5 所示。

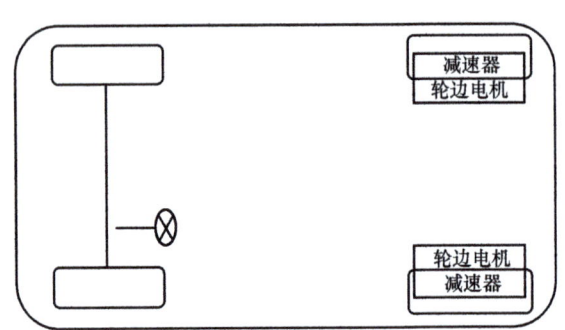

图 1-1-5　轮边电机分散式动力总成布置形式

1.1.2　吉利帝豪 EV450 轿车动力总成系统

吉利帝豪 EV450 轿车驱动电机额定功率为 42kW，峰值功率可达 120kW，额定转矩为 105N·m，峰值转矩可达 250N·m，最高转速为 12000r/min。采用单档减速器，总减速比为 8.28，减速器转矩容量为 300N·m，最高输出转矩为 2500N·m，采用飞溅润滑的方式，减速器油牌号为 Dexron Ⅳ型，容量为 1.7L，传动效率大于 95%。其驱动电机参数与减速器的参数见表 1-1-1 与表 1-1-2。

表 1-1-1　驱动电机参数

项　目	参　数
额定功率/kW	42
峰值功率/kW	120
额定转矩/N·m	105
峰值转矩/N·m	250
最高转速/(r/min)	12000
温度传感器类型	NTC
温度传感器型号	SEMIETC13-C310
冷却液类型	乙二醇型
冷却液流量要求/(L/min)	8

表 1-1-2　减速器参数

项　目	参　数
转矩容量/N·m	300
转速范围/(r/min)	<14000
减速器速比	8.28:1
减速器油牌号	Dexron Ⅳ
减速器油量/L	1.7
润滑方式	飞溅润滑
减速器最高输出转矩/N·m	2500
效率	>95%

电机控制器根据车辆当前状态及驾驶人的驾驶意图，向驱动电机输出一定频率和幅值的三相交流电，驱动电机产生转矩将动力传递到单档减速器，动力经过单档减速器中的一级减速后进入主减速器和差速器，再由差速器两个半轴齿轮传递到单档减速器两侧的三枢轴式伸缩万向节，通过半轴传递到车轮。

电机控制器的高压电是由动力蓄电池经过车载充电机的两根直流正、负极高压线束传送而来的，如图 1-1-6 所示。

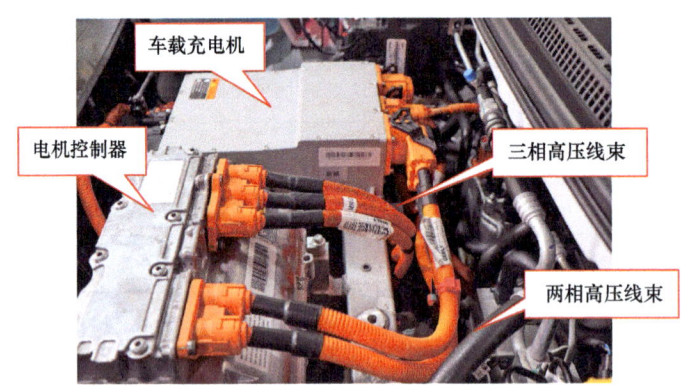

图1-1-6　电机控制器的供电

电机控制器将两相高压直流电变换为频率、幅值可变的三相高压交流电传送到驱动电机，如图1-1-7所示。

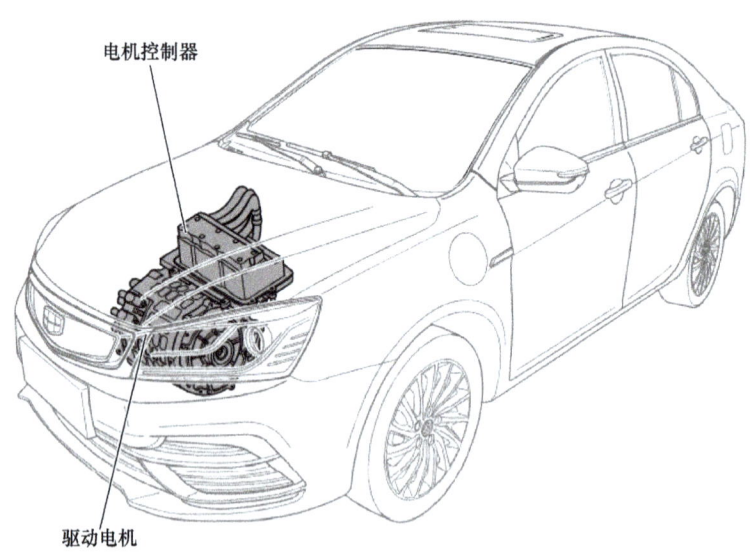

图1-1-7　驱动电机的供电

吉利帝豪EV450的电机控制器内还包括DC/DC变换器，将动力蓄电池的高压直流电转变为14V的低压直流电为辅助蓄电池充电，以供全车低压电气系统使用。图1-1-8所示为电机控制器上的DC/DC变换器直流电输出端子。

图 1-1-8　DC/DC 变换器直流电输出端子

 实践技能

1.1.3　驱动半轴的更换

图 1-1-9 所示为吉利帝豪 EV450 轿车减速驱动桥。

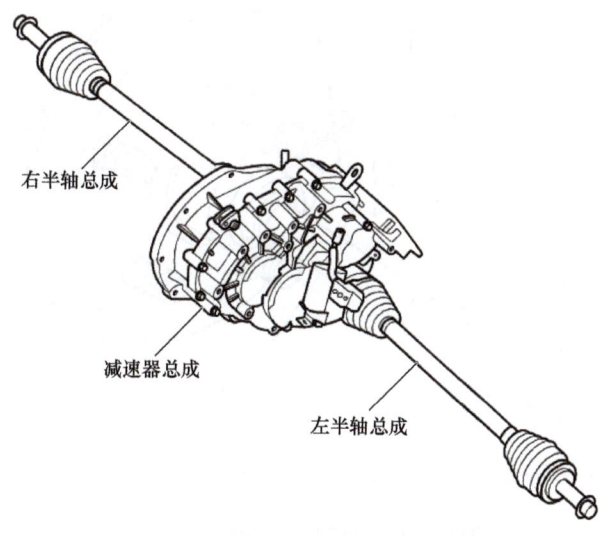

图 1-1-9　吉利帝豪 EV450 轿车减速驱动桥

1. 拆卸半轴

1）使用冲子松开半轴锁止螺母,如图 1-1-10 所示。

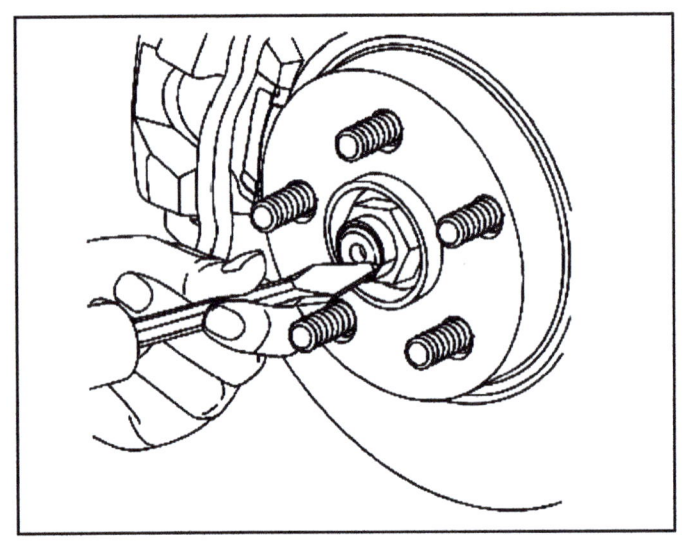

图 1-1-10　松开半轴锁止螺母

2）拆卸半轴固定锁止螺母,如图 1-1-11 所示。

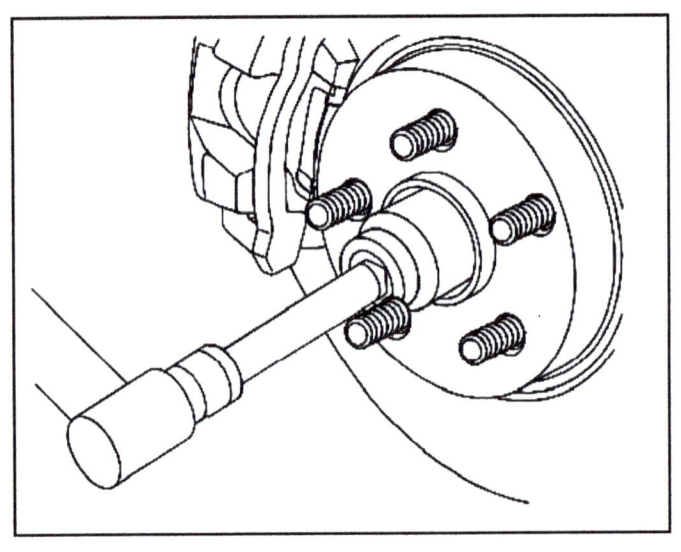

图 1-1-11　拆卸半轴固定锁止螺母

3）拆卸万向节和前减振器的连接螺母,取出螺栓,如图 1-1-12 所示。

学习情境 1 　动力总成认知与拆装

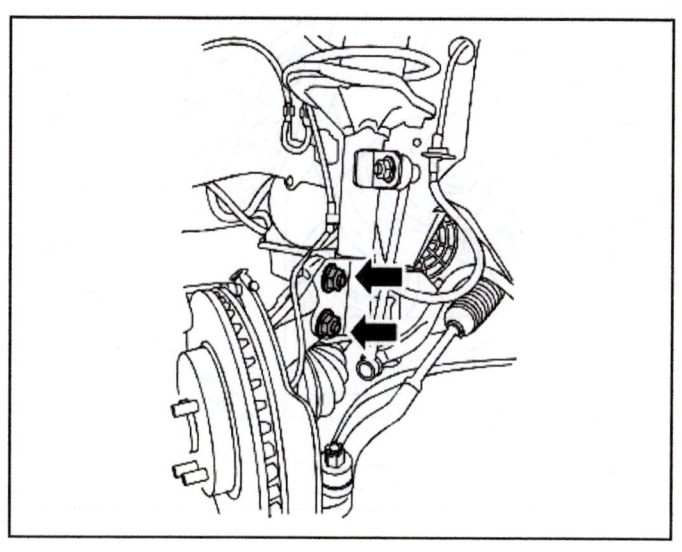

图 1-1-12　拆卸万向节和前减振器的连接螺母

4）取出半轴的外端，如图 1-1-13 所示。

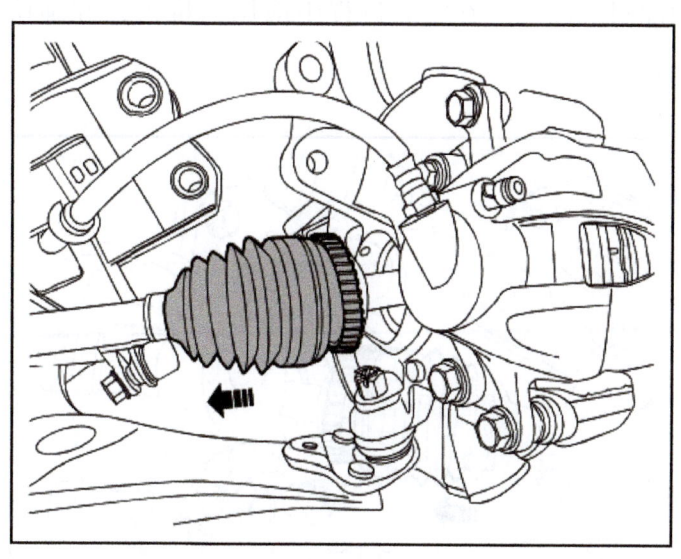

图 1-1-13　取出半轴的外端

5）使用专用工具 GL401-002 适当向外拉动制动器，拆下驱动轴的内端，如图 1-1-14 所示。注意：在拆卸过程中，应防止损坏减速器及油封侧接触端面，严禁拉扯防尘套，防止跌落驱动轴总成，不得磕碰防尘套和油封。

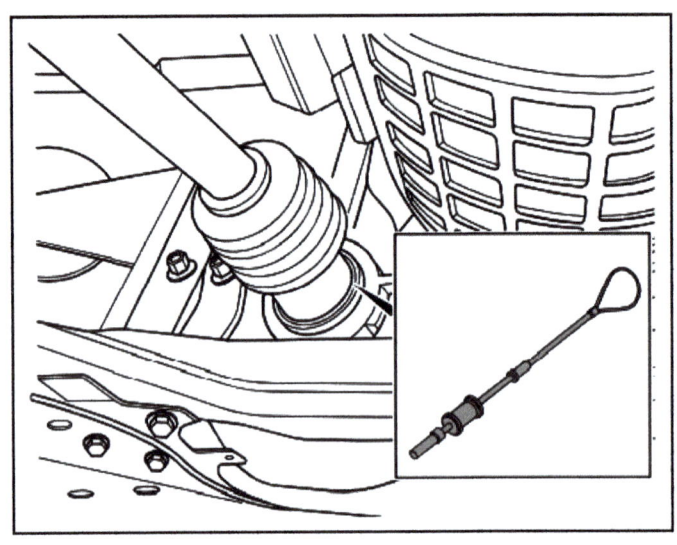

图 1-1-14 取下半轴

2. 安装半轴

1)安装半轴内端至减速器一侧。在安装过程中,应防止跌落半轴总成,不得损坏防尘罩和油封。注意:在安装过程中应用力推入,并确认是否安装到位,如图 1-1-15 所示。

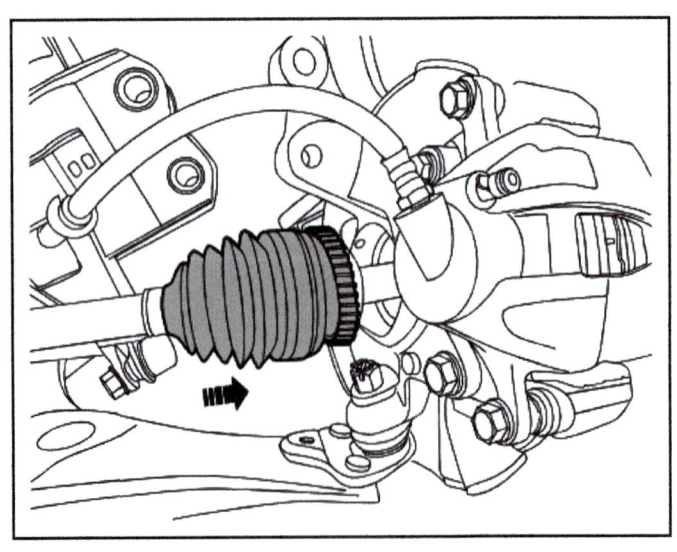

图 1-1-15 安装半轴内端至减速器一侧

2)安装万向节和前减振器的螺栓,紧固螺母,紧固力矩为 153N·m,如

图 1-1-16 所示。

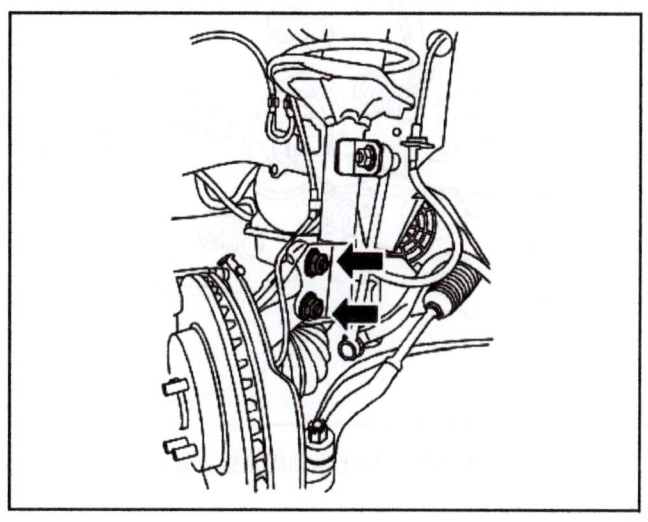

图 1-1-16　安装万向节和前减振器的螺栓

3）安装半轴外固定锁止螺母，紧固力矩为 206～226N·m，如图 1-1-17 所示。

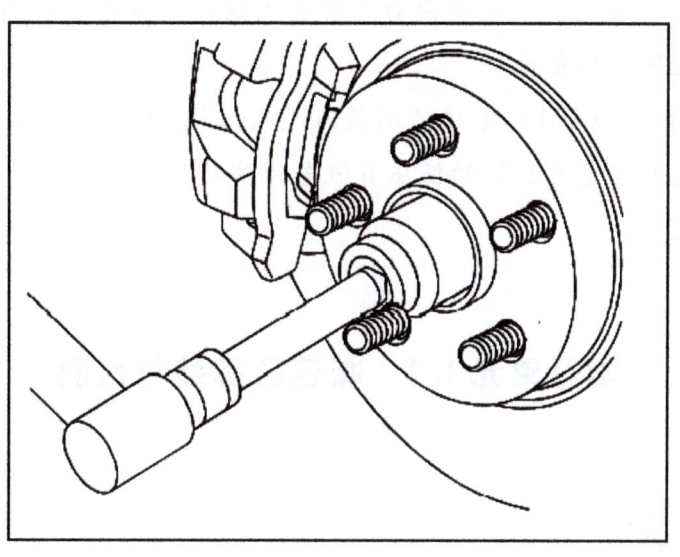

图 1-1-17　安装半轴外固定锁止螺母

4）使用冲子锁止半轴固定锁止螺母，如图 1-1-18 所示。

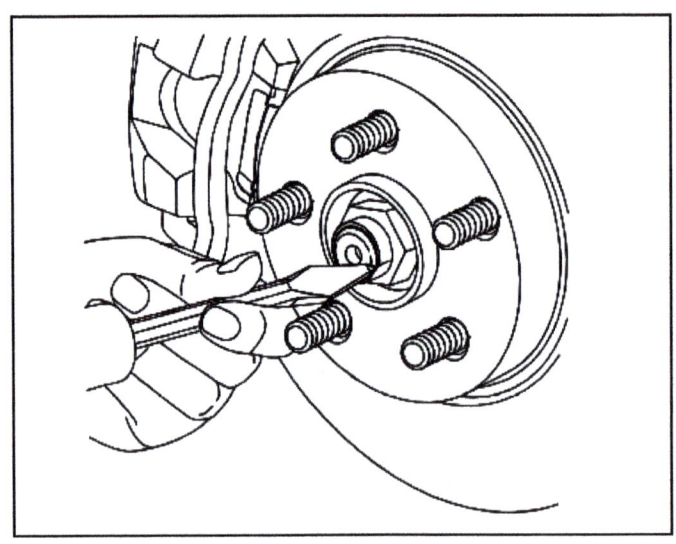

图 1-1-18　锁止半轴固定锁止螺母

学习小结

1. 电动汽车动力总成系统主要由电机控制器、驱动电机、减速驱动桥和传动轴等组成。动力总成系统是电动汽车的主要系统，它决定了电动汽车的行驶性能。

2. 电机控制器的高压电是由动力蓄电池经过车载充电机的两根直流正、负极高压线束传送而来的。

3. 吉利帝豪 EV450 的电机控制器内还包括 DC/DC 变换器，将动力蓄电池的高压直流电转变为 14V 的低压直流电为辅助蓄电池充电，以供全车低压电气系统使用。

学习单元 1.2　减速器拆装与检测

情境导入

一辆吉利帝豪 EV450 轿车，装备单档双级减速器，驻车时驻车警告灯亮并且无法电子驻车。经检查，P 位驻车电机出现故障，更换新的 P 位驻车电机后，上述故障现象消失。

减速器总成拆装

1.2.1 减速器的功能

电机的转速—转矩特性非常适合汽车驱动的需求,对于纯电动汽车,电机从0转速开始就能全转矩输出,没有怠速问题困扰,初始转矩比内燃机大,如图1-2-1所示。对于纯电动汽车不存在起步问题,就不需要搭配"大齿比减速器"。对于内燃机车而言,"高档位小齿比"通常是车辆高速运行时使用的,可降低发动机转速,一方面可以使发动机偏向经济转速运行以节油,另一方面可以减小噪声。对于电动汽车来说,不同转速下电能转化为机械能的效率区别并不大,电机噪声也远小于内燃机,不必刻意降低电机转速。汽车的驱动系统不再需要多档位的变速器,驱动系统结构得以大幅简化。以特斯拉和日产聆风为代表的一些主流纯电动汽车并没有搭载传统变速器,而是单纯搭载一组减速器,并且不提供换档功能。

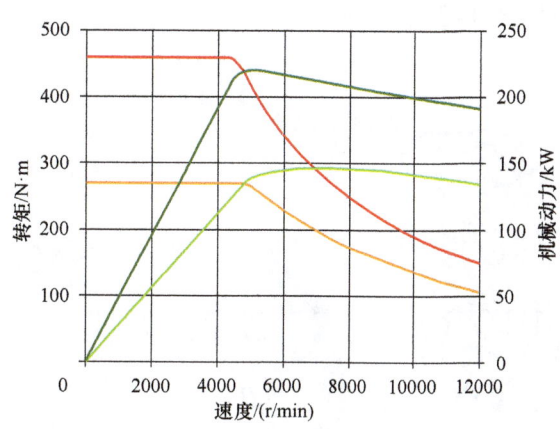

图1-2-1 电机外特性曲线

减速器介于驱动电机和驱动半轴之间,驱动电机的动力输出轴通过花键直接与减速器输入轴齿轮连接,如图1-2-2所示。一方面减速器将驱动电机的动力传给驱动半轴,起到降低转速、增大转矩的作用,另一方面保证汽车转弯及在不平路面上行驶时,左、右驱动轮以不同的转速旋转,保证车辆的平稳运行。

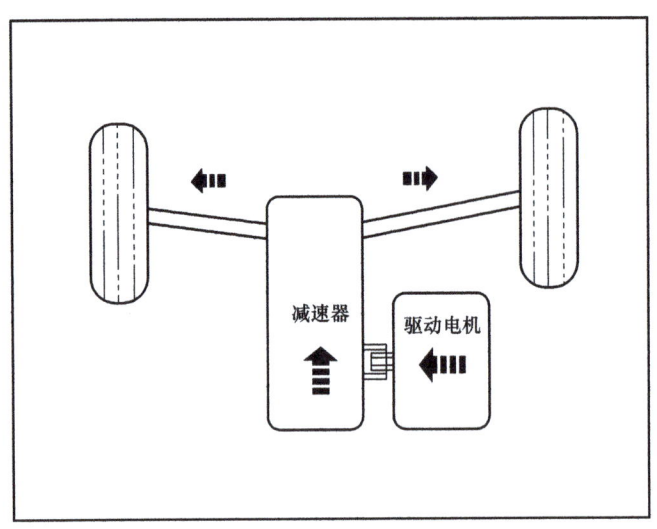

图 1-2-2 动力传递路线

1.2.2 吉利帝豪 EV450 轿车减速器的结构

吉利帝豪 EV450 轿车减速器是一款前置前驱减速器，采用左右分箱、两级传动结构设计，结构如图 1-2-3 所示。

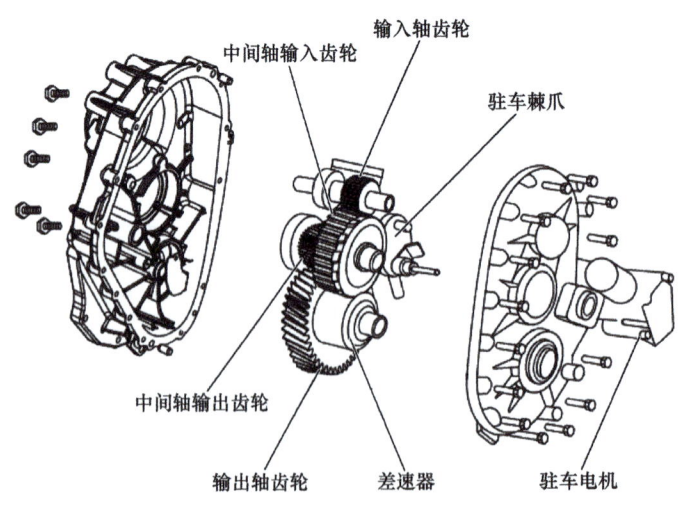

图 1-2-3 减速器的结构

吉利帝豪 EV450 轿车减速器具有体积小、结构紧凑的特点，采用前进档和倒档共用结构进行设计，整车倒档通过电机反转实现。其技术参数见表 1-2-1。

表 1-2-1　吉利帝豪 EV450 轿车减速器技术参数

项　　目	参　　数
转矩容量/N·m	300
转速范围/(r/min)	<14000
减速器速比	8.28:1
减速器油牌号	Dexron Ⅳ
减速器油量/L	1.7±0.1
润滑方式	飞溅润滑
减速器最高输出转矩/N·m	2500
机械效率	95%

减速器动力传动机械部分是依靠两级齿轮副来实现减速增矩的。其按功用和位置分为五大组件：右箱体、左箱体、输入轴组件、中间轴组件和差速器组件。动力由电机输入，经过一级减速齿轮减速将动力传至主减速器，再由差速器将动力分配至两侧车轮，如图 1-2-4 所示。

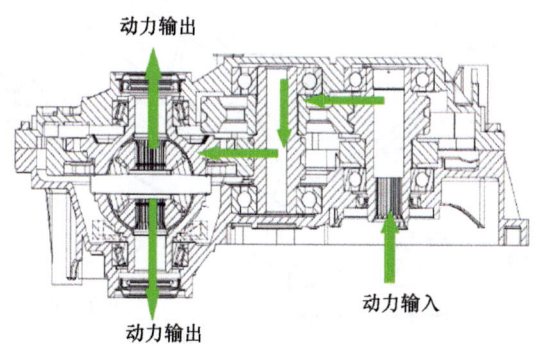

图 1-2-4　减速器动力传递路线

动力传递路线为：驱动电机—输入轴—输入轴轴齿—中间轴齿轮—中间轴轴齿—差速器半轴齿轮—左、右半轴—左、右车轮。减速器内减速齿轮的结构如图 1-2-5 所示。

1.2.3　减速器传动系统控制原理

吉利帝豪 EV450 轿车动力传递及控制系统部件安装位置如图 1-2-6 所示。

图 1-2-5　减速器内减速齿轮的结构

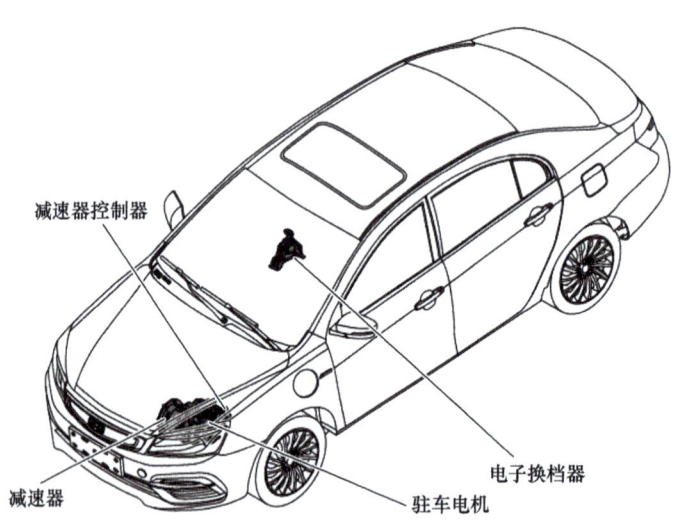

图 1-2-6　吉利帝豪 EV450 轿车动力传递及控制系统部件安装位置

1. 减速器驻车控制

驾驶人操作电子换档器进入 P 位，电子换档器将驻车请求信号发送到整车控制器（VCU），VCU 结合当前驱动电机转速及轮速情况判断是否符合驻车条件。当符合驻车条件时，VCU 发送驻车指令到减速器控制器（TCU），TCU 根据驻车条件判断是否进行驻车，TCU 控制驻车电机进入 P 位，锁止减速器。驻车完成后，TCU 将收到减速器发出的 P 位位置信号，并将此信号反馈给 VCU，完成换档过程,如图 1-2-7 所示。

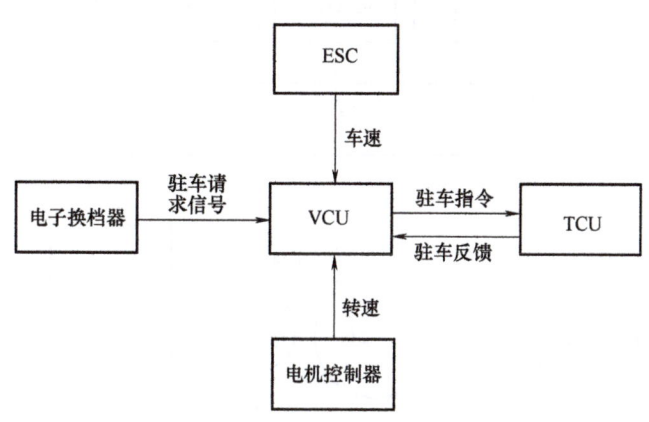

图 1-2-7　驻车控制流程

驾驶人操作电子换档器退出 P 位,电子换档器将解除驻车请求信号发给 VCU,VCU 结合当前驱动电机转速及转速情况判断是否满足解除驻车条件。当符合解除驻车条件时,VCU 发送解除驻车指令到 TCU,TCU 根据解除驻车条件判断是否进行解锁,TCU 控制电机解除 P 位锁止减速器。解除驻车完成后,TCU 将收到减速器发出的档位位置信号,并将此信号反馈给 VCU,完成换档过程。

TCU 控制减速器上的换档电机。驻车电机有一个编码器,输出 4-bit 代码用来确定驻车电机的位置。TCU 接口通过汽车 CAN 总线接收来自其他车辆系统的信息(驱动电机转速、车速、停车请求等)。TCU 接收相关的换档条件和换档请求,直接控制驻车电机驱动棘爪扣入或松开棘轮,达到驻车或解除驻车功能,如图 1-2-8 所示。

2. 换档条件

(1) 驻车需要同时满足的条件

1) 接收到驻车请求。

2) 上一次的换档操作已完成。

3) 供电电压处于 9~16V。

4) 驻车电机和编码器无故障。

5) 电机转速小于 344r/min。

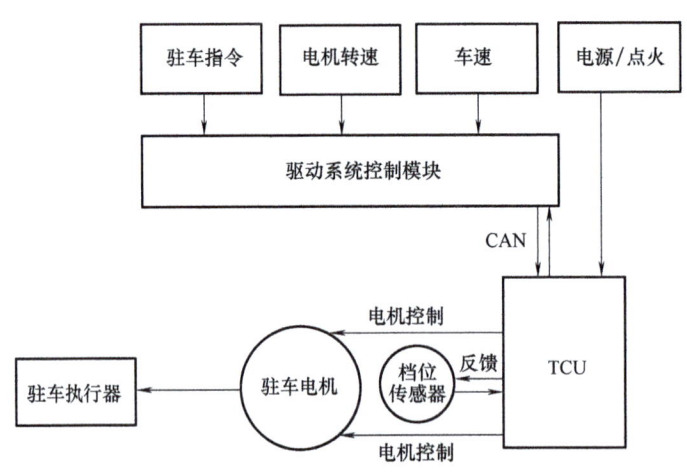

图 1-2-8　减速器控制器控制关系

6）车身电子稳定性控制系统（ESC）车速小于5km/h。

（2）驻车换档解除驻车条件

1）接收到解锁请求。

2）上一次换档操作已完成。

3）供电电压在9～16V范围内。

4）驻车电机和编码器无故障。

5）电机转速小于7r/min。

6）ESC车速小于0.1km/h。

1.2.4　减速器总成分解和组装

1. 分解减速器总成

1）拆卸TCU控制模块2个固定螺栓①，取下TCU控制模块，如图1-2-9所示。

2）拆卸驻车电机3个固定螺栓②和1个支架固定螺栓③，取下驻车电机。

3）使用合适工具拆卸半轴油封，如图1-2-10所示。

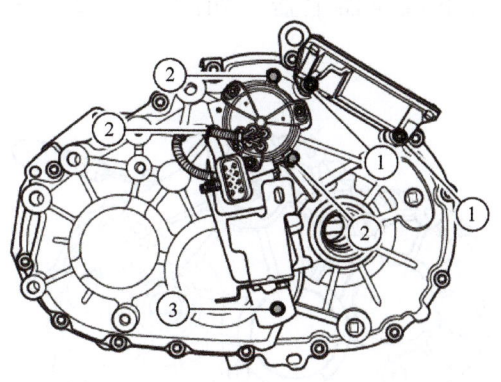

图 1-2-9　取下 TCU 控制模块及驻车电机

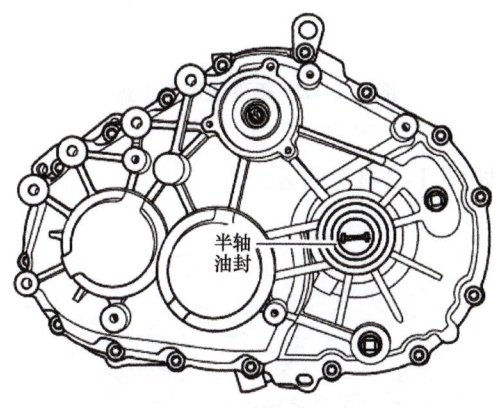

图 1-2-10　拆卸半轴油封

4）拆卸减速器上盖固定螺栓，如图 1-2-11 所示。

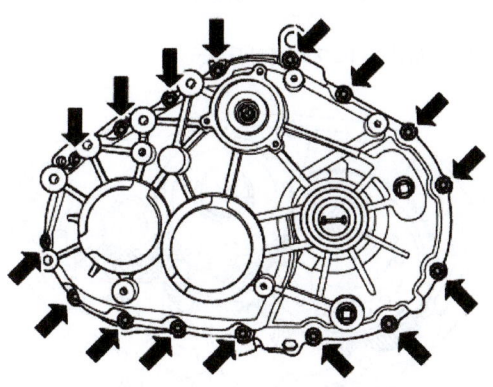

图 1-2-11　拆卸减速器上盖固定螺栓

5）使用合适工具撬下减速器上盖，如图 1-2-12 所示。注意勿撬减速器壳体密封面。

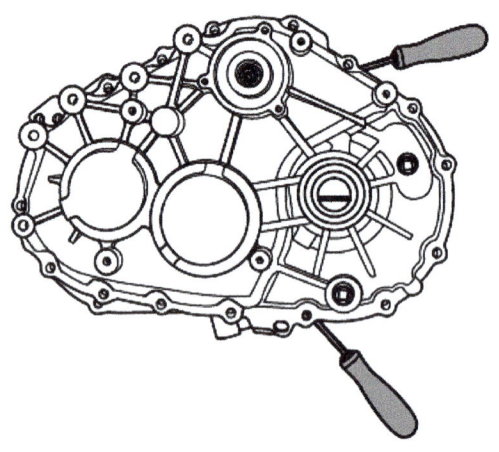

图 1-2-12　撬下减速器上盖

6）拆卸换档轴，如图 1-2-13 所示。

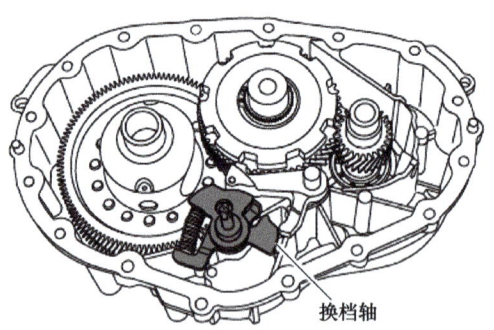

图 1-2-13　拆卸换档轴

7）拆卸 P 位锁止轴，如图 1-2-14 所示。

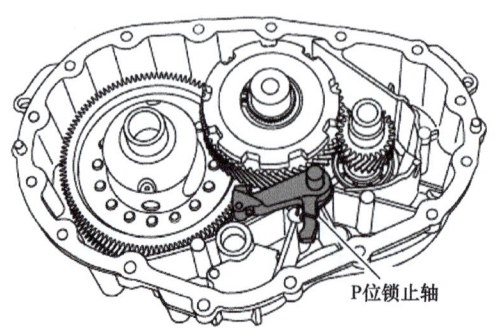

图 1-2-14　拆卸 P 位锁止轴

8）拆卸输入轴，如图 1-2-15 所示。

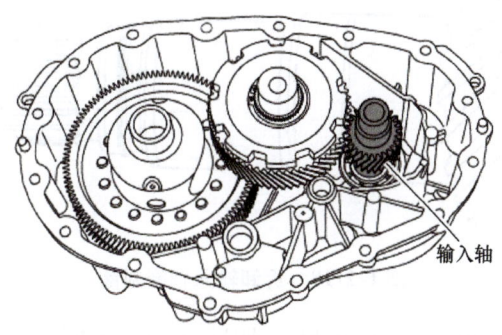

图 1-2-15　拆卸输入轴

9）拆卸差速器总成中间轴和减速器，如图 1-2-16 所示。

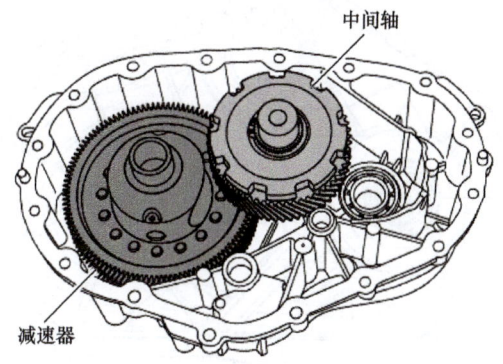

图 1-2-16　拆卸差速器总成中间轴和减速器

10）拆卸 P 位齿圈和固定卡扣，取下 P 位齿圈，如图 1-2-17 所示。

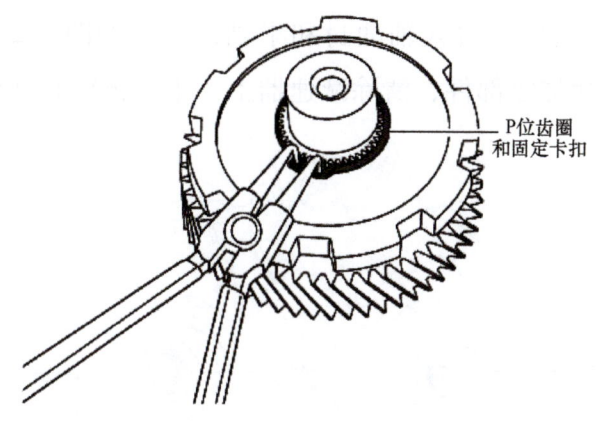

图 1-2-17　拆卸 P 位齿圈和固定卡扣

11）拆卸输入轴密封圈，如图 1-2-18 所示。

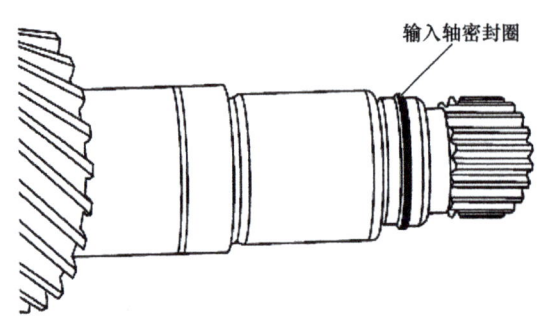

图 1-2-18 拆卸输入轴密封圈

12）使用合适工具拆卸半轴油封，如图 1-2-19 所示。注意半轴油封为一次性零部件，每次拆卸后需要更换新的半轴油封。

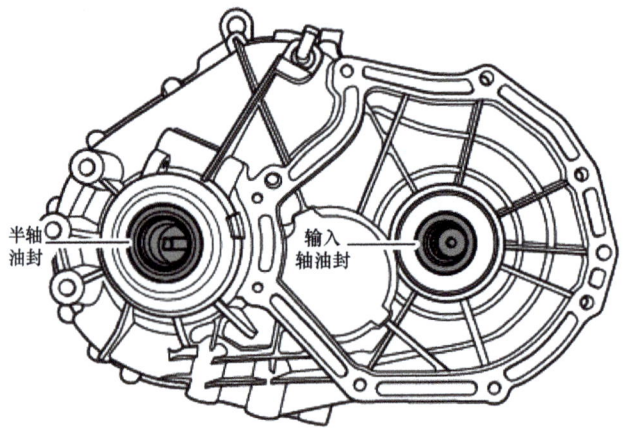

图 1-2-19 拆卸半轴油封

2. 组装减速器总成

1）使用合适工具安装输入轴油封和半轴油封，如图 1-2-20 所示。注意组装减速器前清理减速器零部件，清除减速器上、下壳体密封面的密封胶。

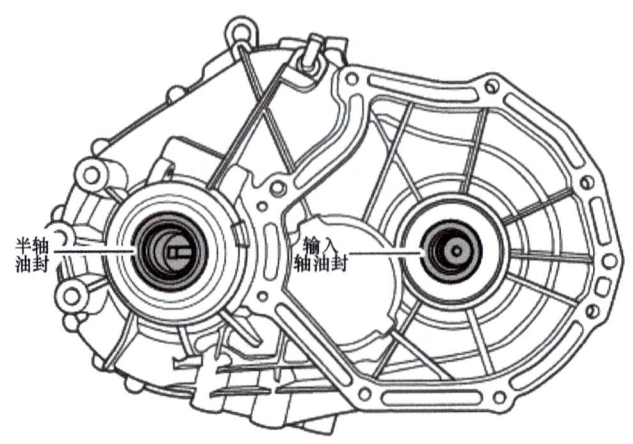

图 1-2-20 安装半轴油封和输入轴油封

2）安装输入轴密封圈，如图 1-2-21 所示。注意输入轴密封圈为一次性零部件，每次拆卸后需要换新的输入轴密封圈。

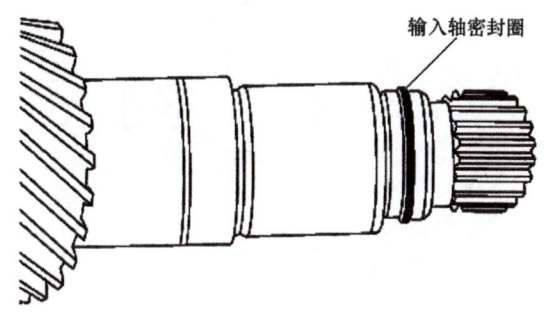

图 1-2-21　安装输入轴密封圈

3）安装 P 位齿圈和固定卡扣，如图 1-2-22 所示。

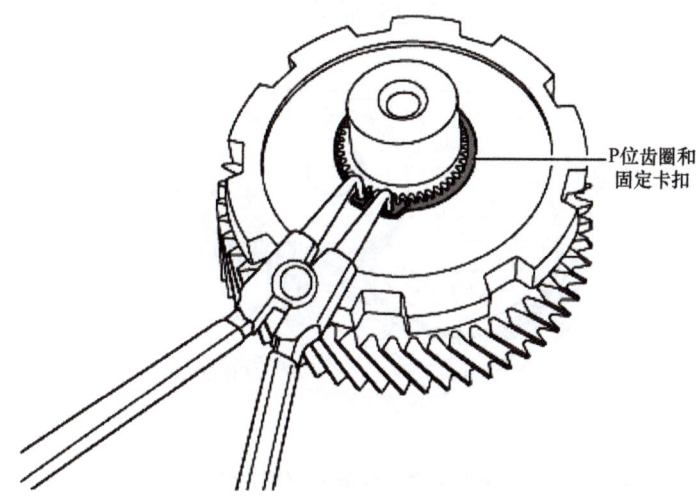

图 1-2-22　安装 P 位齿圈和固定卡扣

4）安装减速器和差速器总成中间轴，如图 1-2-23 所示。

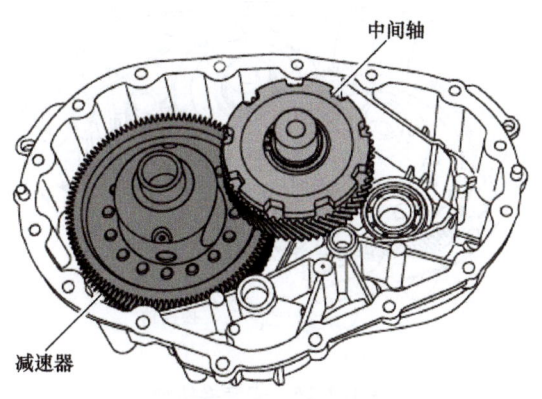

图 1-2-23　安装减速器和差速器总成中间轴

5）安装输入轴，如图 1-2-24 所示。

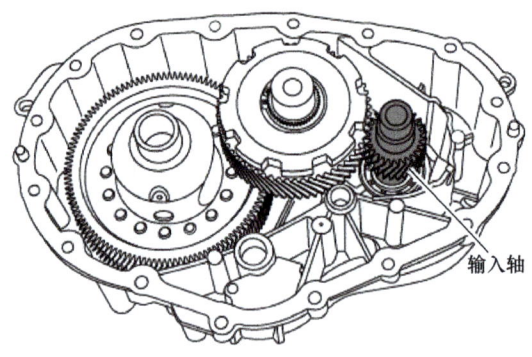

图 1-2-24　安装输入轴

6）安装 P 位锁止轴，如图 1-2-25 所示。

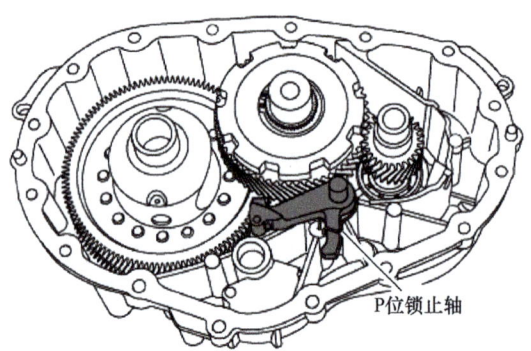

图 1-2-25　安装 P 位锁止轴

7）安装换档轴，如图 1-2-26 所示。

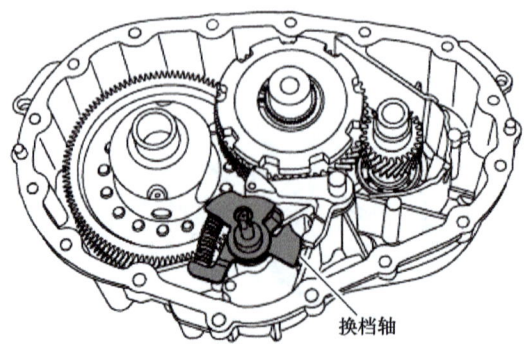

图 1-2-26　安装换档轴

8）在减速器壳体上涂抹密封胶，安装减速器上盖，如图 1-2-27 所示。注意涂抹密封胶时一定要均匀，不能断胶。紧固减速器上盖固定螺栓的力矩为 31N·m，连接螺栓紧固时，需采用对角法拧紧。

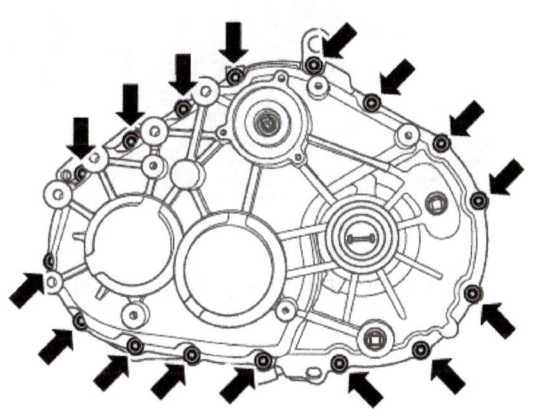

图 1-2-27　安装减速器上盖

9）使用专用工具安装半轴油封，如图 1-2-28 所示。注意半轴油封为一次性零部件，每次拆卸后需要更换新的半轴油封。

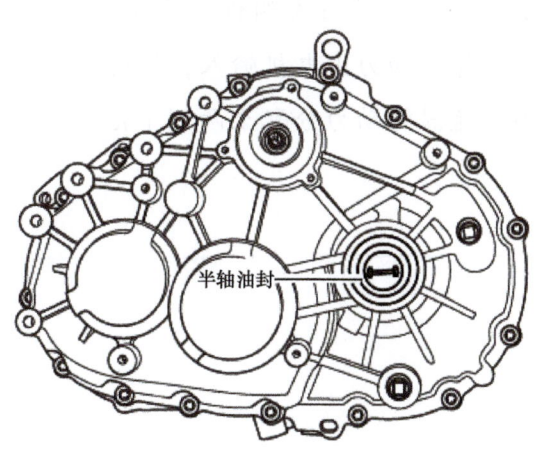

图 1-2-28　安装半轴油封

10）安装 TCU 控制模块，紧固 TCU 控制模块 2 个固定螺栓①，如图 1-2-29 所示，紧固力矩为 9N·m。安装驻车电机，紧固驻车电机 3 个固定螺栓②和一个支架固定螺栓③，紧固力矩为 9N·m。

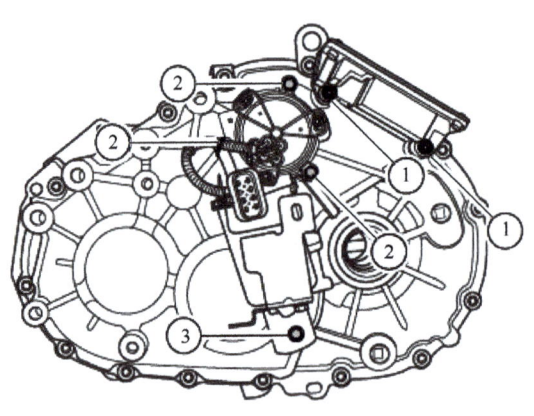

图 1-2-29　安装 TCU 控制模块和电机

学习小结

1. 对于纯电动汽车，不存在起步问题，不需要搭配"大齿比减速器"。

2. 一方面减速器将驱动电机的动力传给驱动半轴，起到降低转速、增大转矩的作用，另一方面保证汽车转弯及在不平路面上行驶时，左、右驱动轮以不同的转速旋转，保证车辆的平稳运行。

3. 减速器按功用和位置分为五大组件：右箱体、左箱体、输入轴组件、中间轴组件和差速器组件。动力由电机输入，经过一级减速齿轮减速将动力传至主减速器，再由差速器将动力分配至两侧车轮。

学习情境 2

电机拆装与检测

学习目标

1. 能通过与客户交流、查阅相关维修技术资料等方式获取车辆信息。
2. 能根据故障现象选择合适的维修手册。
3. 能正确对驱动电机进行更换。
4. 能正确对驱动电机进行检测。
5. 能根据维修手册对驱动电机相关部件进行拆解、检测与更换。
6. 能正确使用安全防护套装及工具。

学习单元 2.1　永磁同步电机更换

情境导入

一辆吉利帝豪 EV450 轿车，装备永磁同步电机，因驱动电机受到磕碰需更换，师傅告知小王需拆下电机及减速器。你知道如何安全、规范地进行电机更换吗？

驱动电机认知

2.1.1 电机驱动系统概述

电机驱动系统一般由电机和电机控制器（功率变换器）等组成，如图2-1-1所示。电机是以磁场为媒介进行电能和机械能互相转换的电磁装置，在电动汽车驱动过程中作为电动机运行，将动力蓄电池中存储的电能转换为机械能驱动车辆运行；在制动或减速过程中作为发电机运行，将机械能转化为电能存储在动力蓄电池中。电机控制器输出特定的电压和电流调节电机的运行，以产生所需的转矩和转速。在能量变换过程中存在电能、机械能和磁场能量损失，这会影响能量转换效率，但是一般来说，电机的能量转换效率远高于其他设备的能量转换效率。

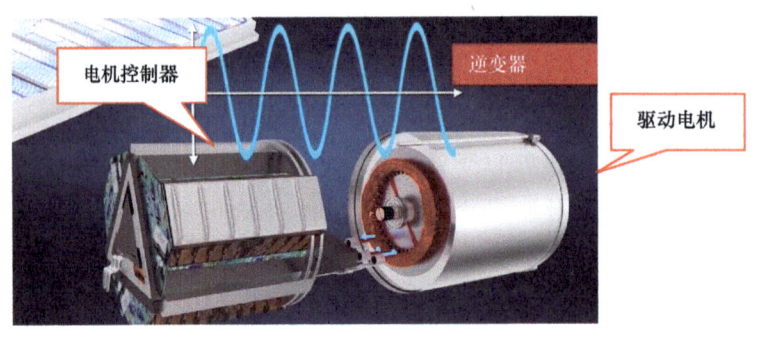

图 2-1-1　电机与电机控制器

相对于内燃机来说，电机的主要优势在于它可以在低速运行时提供较大的峰值转矩，并且可以短时间内提供额定功率两倍以上的瞬时功率，这些可以给车辆带来出色的低速加速性能，在减速或制动时还可以实现再生制动；同时，在低速行驶范围内，电机的能量转换效率远远高于内燃机，所以电动汽车低速及中低速行驶时的能源利用效率和加速性能优于内燃机汽车。

2.1.2 电磁转换基本原理

所有的电机在电动运行时将电能转换为机械能，在发电时将机械能转化为电能。同一台电机既可以作为电动机，也可以作为发电机，而只需要相应改变控制算法。必须指出，虽然功率转换的可逆性是一切电机的普遍原理，但在电机设计和控制上是有所偏重的。

电机是指依据电磁感应原理实现电能的生产、传输和使用的能量转换机械。

电生磁是奥斯特发现的，其现象是通电导体周围存在磁场。电和磁是不可分割的，它们始终交织在一起，简单地说，就是电生磁、磁生电。

如果一条直的金属导线通过电流，那么导线周围的空间将产生圆形磁场。导线中流过的电流越大，产生的磁场越强。磁场呈圆形，围绕导线周围。磁场方向可以依据"右手螺旋定则"（又称安培定则）来确定：将右手拇指伸出，其余四指并拢弯向掌心。这时，四指的方向为磁场方向，拇指的方向为电流方向，如图 2-1-2 所示。这种直导线产生的磁场类似于在导线周围安置了一圈 NS 极首尾相接的小磁铁的效果。

左手定则（又称电动机定则）：伸出左手，使拇指与其余四个手指垂直，并且都与手掌在同一平面内，让磁感应线从掌心进入，四指指向电流的方向，这时拇指所指的方向就是通电导线在磁场中所受安培力的方向，如图 2-1-3 所示。

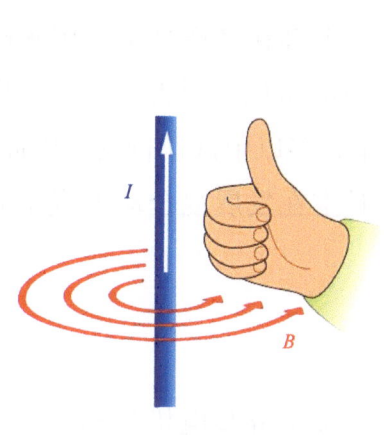

图 2-1-2　右手螺旋定则

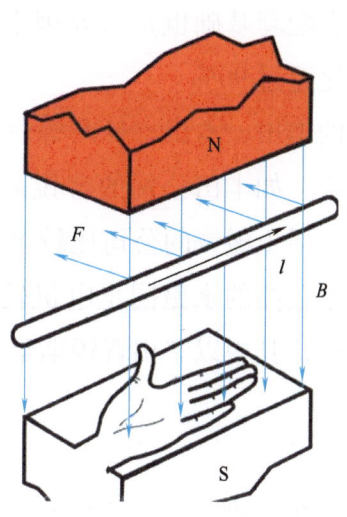

图 2-1-3　左手定则

2.1.3　永磁同步电机概述

与传统的励磁电机相比，永磁电机（特别是稀土永磁电机）具有体积小、重量轻、惯性小、响应快、转矩/惯量比和速度/重量比高，效率和起动转矩高，功率因数高，以及省电和运行可靠等显著优点。因而应用范围极为广泛，几乎遍及航天、国防、工农生产和日常生活的各个领域。

永磁同步电机与感应电机相比，不需要无功励磁电流，可以显著提高功率因数（可达到1，甚至达到容性），减少了定子电流和定子电阻损耗，进而可以因总损耗降低而减小风扇（小容量电机甚至可以去掉风扇）和相应的风磨损耗，从而使其效率比同规格感应电机提高2%～8%。而且，永磁同步电机在25%～120%额定负载范围内均可保持较高的效率和功率因数，使轻载运行时节能效果更为显著。

现阶段，交流异步电机主要是以特斯拉公司为代表的美国车企和部分欧洲企业使用。一方面，这与特斯拉公司最初的技术路径选择有关，交流感应电机价格低廉，而偏大的体积对美式车并无妨碍；另一方面，美国高速路网发达，交流电机的高速区间效率性能比较好。

中国、日本等国家的新能源汽车最广泛使用的电机仍是永磁同步电机。适合本国路况是主要因素，永磁同步电机在反复起停、加减速时仍能保持较高效率，对高速路网受限的工况是最佳选择。此外，中国稀土储量丰富，日本稀土永磁产业有配套基础也是重要因素。目前，永磁同步电机在中国新能源汽车中的使用占比超过90%。

日本的丰田、本田、日产等汽车公司基本上都在其产品中采用永磁同步电机驱动系统，如丰田公司的普锐斯、本田公司的思域。因为在日本，供应永磁电机使用的稀土磁铁的公司比较多，同时汽车大多以中低速行驶，因此采用加、减速时效率较高的永磁同步电机较为适宜。日本在发展混合动力汽车方面居世界领先地位，其中以丰田普锐斯最为著名。

2.1.4　永磁同步电机结构

永磁同步电机属于交流电机，定子绕组与交流异步电机相同。它的转子旋转速度与定子绕组所产生的旋转磁场的速度是一样的，所以称为同步电机。正由于这样，同步电机的电流在相位上是超前于电压的，即同步电机是一个容性负载。

永磁同步电机主要由机壳、定子和转子组成。定子包括定子铁心和定子绕组，如图2-1-4所示，定子绕组镶嵌在定子铁心中，绕组的作用是通电时可以产生磁场，铁心的作用是可以提高磁导率。永磁同步电机定子的结构与工作原理与交流异步电机一样，多为 4 极形式，三相绕组按 3 相 4 极布置，通电产生 4 极旋转磁场。

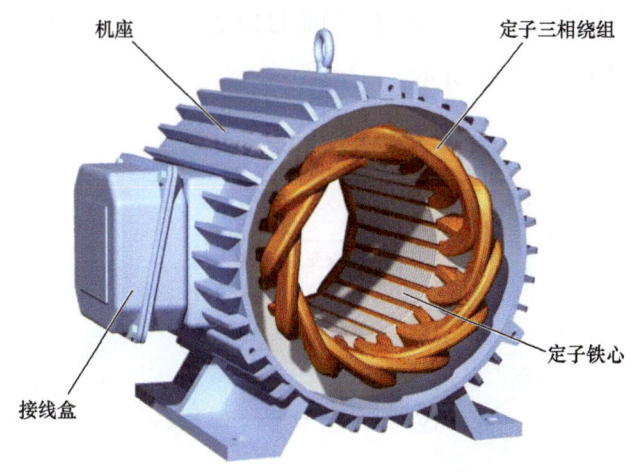

图 2-1-4　永磁同步电机定子的结构

永磁同步电机与普通三相交流异步电机的不同是转子结构不同，转子上安装有永磁磁极。永磁磁极外凸镶嵌在转子铁心外侧，组成若干对磁极。一块永磁体有 1 个 N 极和 1 个 S 极，若干个永磁体和铁心共同构成了若干条磁路，表示磁力线方向，如图 2-1-5 所示。

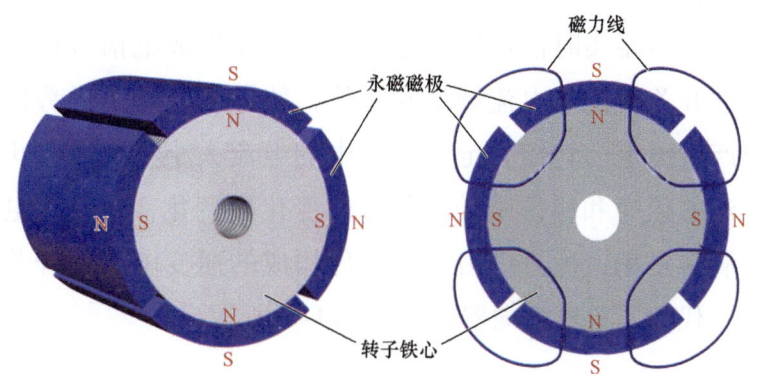

图 2-1-5　永磁同步电机转子的结构

2.1.5　永磁同步电机工作原理

在电机系统中，电机的输出动作主要靠控制单元给定命令执行，即控制器输出命令。控制器的主要作用是将输入的直流电逆变成电压、频率可调的三相交流电，供给配套的三相交流永磁同步电机使用。

电机控制器输出频率和幅值可变的 U、V、W 三相交流电给电机形成旋转磁场，电机通过位置传感器将电机转子当前的位置发送给电机控制器，以供控制器进行参考控制，如图 2-1-6 所示。

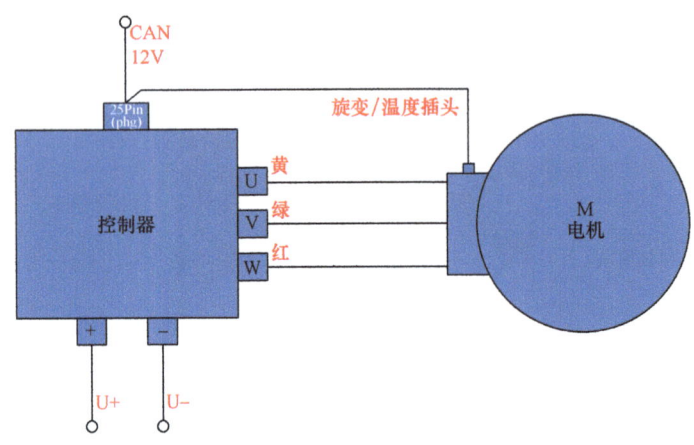

图 2-1-6　永磁同步电机与控制器

1. 电-磁-机械力转化

旋转磁场与转子永久磁铁所产生的磁场相互作用产生转矩，拖动转子同步旋转，通过位置传感器实时读取转子磁铁位置，变换成电信号控制控制器中的逆变器功率器件开关，调节电流频率和相位，使定子和转子磁势保持稳定的位置关系，才能产生恒定的转矩。定子绕组中的电流大小是由负载决定的。定子绕组中三相电流的频率和相位随转子位置的变化而变化，使三相电流合成一个与转子同步的旋转磁场，通过电力电子器件构成的逆变电路的开关变化实现三相电流的换相，代替了机械换向器，如图 2-1-7 所示。

2. 旋转磁场

（1）旋转磁场的产生　图 2-1-8 所示为最简单的三相定子绕组 AX、BY、CZ，定子绕组在空间按互差 120°的规律对称排列，并接成星形与三相电源 U、V、W 相连。三相定子绕组便通过三相对称电流，随着电流在定子绕组中通过，在三相定子绕组中就会产生旋转磁场，如图 2-1-8 所示。

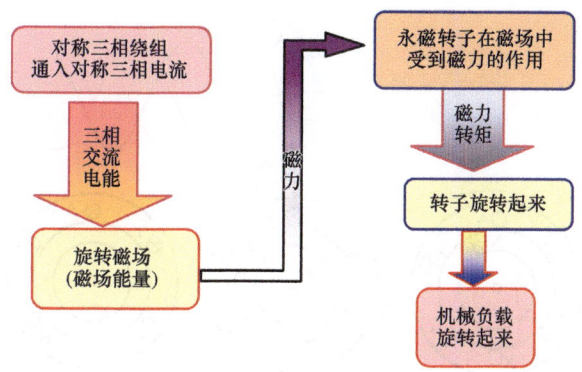

图 2-1-7　电力驱动能量变化

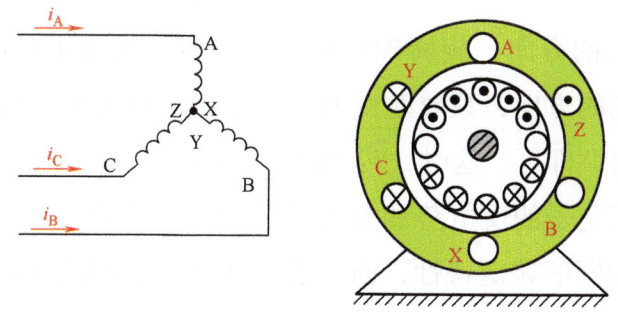

图 2-1-8　三相绕组电流方向

当 $\omega t=0°$ 时，$i_A=0$，AX 绕组中无电流；i_B 为负，BY 绕组中的电流从 Y 流入，从 B 流出；i_C 为负，CZ 绕组中的电流从 C 流入，从 Z 流出；由右手螺旋定则可得合成磁场的方向向下，如图 2-1-9 所示。

当 $\omega t=60°$ 时，i_B 为负，BY 绕组中电流从 Y 流入，从 B 流出；i_A 为正，AX 绕组中的电流从 A 流入，从 X 流出；$i_C=0$，CZ 绕组中无电流；由右手螺旋定则可得合成磁场的方向顺时针旋转了 60°。

当 $\omega t=90°$ 时，i_C 为负，CZ 绕组中电流从 Z 流入，从 C 流出；i_A 为正，AX 绕组中的电流从 A 流入，从 X 流出；i_B 为负，BY 绕组中电流从 Y 流入，从 B 流出；由右手螺旋定则可得合成磁场的方向逆时针旋转了 90°。

可见，当定子绕组中的电流变化一个周期时，合成磁场也按电流的相序方向在空间旋转一周。随着定子绕组中的三相电流不断地做周期性变化，产生的合成磁场也不断地旋转，因此成为旋转磁场。

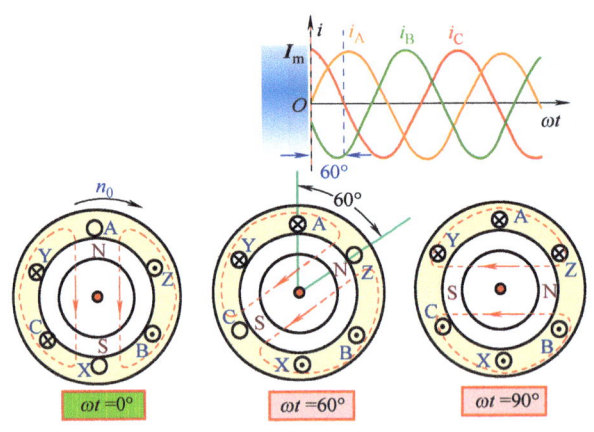

图 2-1-9 旋转磁场的产生

（2）旋转磁场的方向　旋转磁场的方向是由三相绕组中电流相序决定的，若想改变旋转磁场的方向，只要改变通入定子绕组的电流相序，即将 3 根电源线中的任意两根对调即可。这时，转子的旋转方向跟着改变。

永磁同步电机定子的反电势和电流波形均为正弦波，并且保持同相，可以获得与直流电机相同的转矩特性，而且能实现恒转矩的调速特性。同步电机的工作模式如图 2-1-10 所示。

当定子产生一对磁极（上部为 S 极，下部为 N 极）时，会将转子吸引到当前位置，即转子 N 极向上，S 极向下。在有负载状态下，定子旋转磁场在转速上微微领先转子一点，吸引转子以旋转磁场的转速进行旋转，在理想空载状态下转子与旋转磁场是完全对应的。转子主动旋转，转子磁场会切割定子的磁场，从而产生感生电流，此时状态为发电机，电动汽车制动能量回收就是利用这种工作原理而来的，如图 2-1-11 所示。

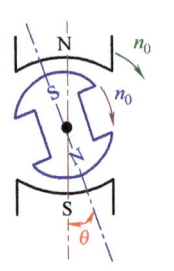

图 2-1-10　同步电机的工作模型

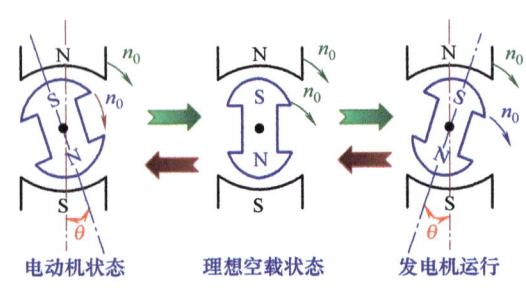

图 2-1-11　同步电机电动与发电工作模型

如图 2-1-12 所示，A 相黄色线圈、B 相红色线圈和 C 相绿色线圈分别是永磁同步电机的三相线圈绕组，每相线圈中通入电流幅值和相位都随时间变化的交流电，且彼此在相位上相差 120°。图中所示时间轴 t 为 0 时的状态，此时黄色的 A 相线圈电流方向为正，电流从始端流入 A 相线圈，从末端流出，根据右手螺旋定则，可产生图中所示的磁力线，磁场通过定子铁心形成闭合回路，对永磁转子产生吸引。此时红色的 B 相线圈中电流方向为负，电流从末端流入 B 相线圈，从始端流出，根据右手螺旋定则，可产生图中所示方向的磁力线。此时绿色的 C 相线圈中电流为正，电流从始端流入 C 线圈，从末端流出，根据右手螺旋定则，可产生图中所示方向的磁力线。三相叠加的磁力线在左侧形成顺时针方向的磁力线，在右侧形成逆时针方向的磁力线，使得转子的 S 极和 N 极受到定子绕组的磁力线吸引。随着 A、B、C 三相绕组连续通入彼此相位相差 120°的交流电，定子磁场沿顺时针方向旋转，吸引永磁转子随之旋转，将电能转化为机械能。

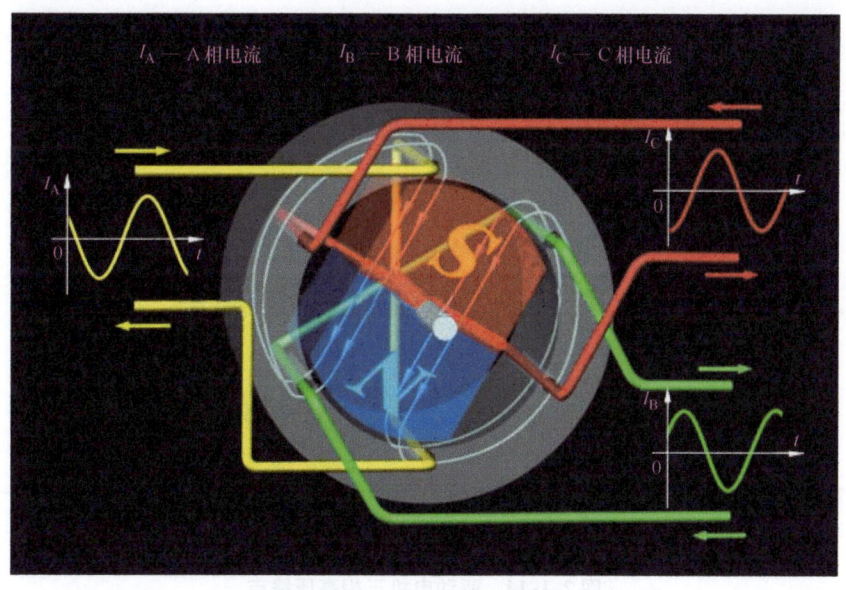

图 2-1-12　同步电机工作状态

2.1.6　吉利帝豪 EV450 轿车驱动电机连接线束

吉利帝豪 EV450 轿车驱动电机与电机控制器之间有一组低压线束和一组高压线束。低压线束为 12 针脚线束，连接在驱动电机右侧下方，主要与电机控制器之间传递驱动电机温度信号和旋转变压器信号（驱动电机转子位置信号），如图 2-1-13 所示。

图 2-1-13　驱动电机低压线束插接器

电机控制器与驱动电机之间通过三相高压线束连接用于驱动车辆行驶，如图 2-1-14 所示。当减速时，驱动电机可将能量回收的电能通过三相线传递给电机控制器，经变换后输入动力蓄电池。

图 2-1-14　驱动电机三相高压线束

2.1.7　驱动电机更换

更换驱动电机之前需先按照规范进行下电操作。

1. 拆卸驱动电机

1)断开 TCU 控制器插头（驻车电机线束插头），如图 2-1-15 所示。

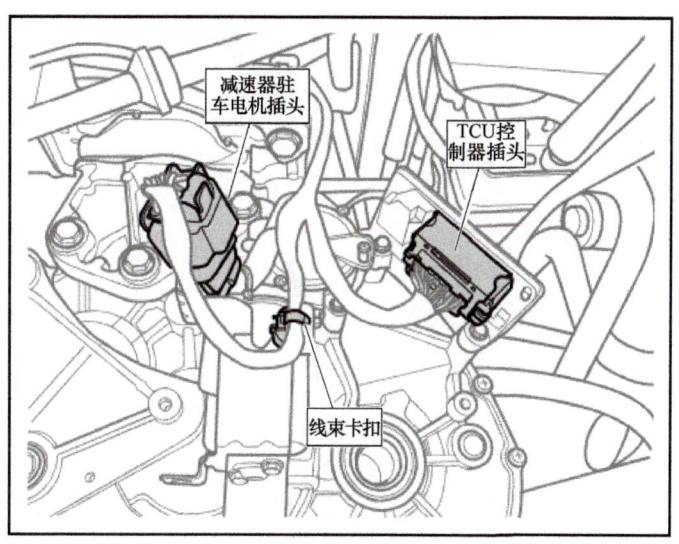

图 2-1-15　TCU 控制器插头位置

2)断开减速器驻车电机插头。
3)拆卸线束卡扣。
4)断开驱动电机线束插头，如图 2-1-16所示。

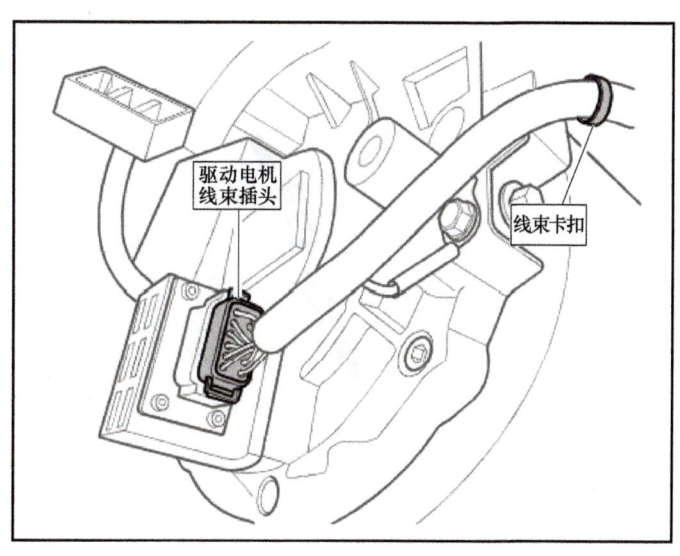

图 2-1-16　驱动电机线束插头位置

5）拆卸线束卡扣。

6）拆卸线束搭铁线，如图 2-1-17 所示。

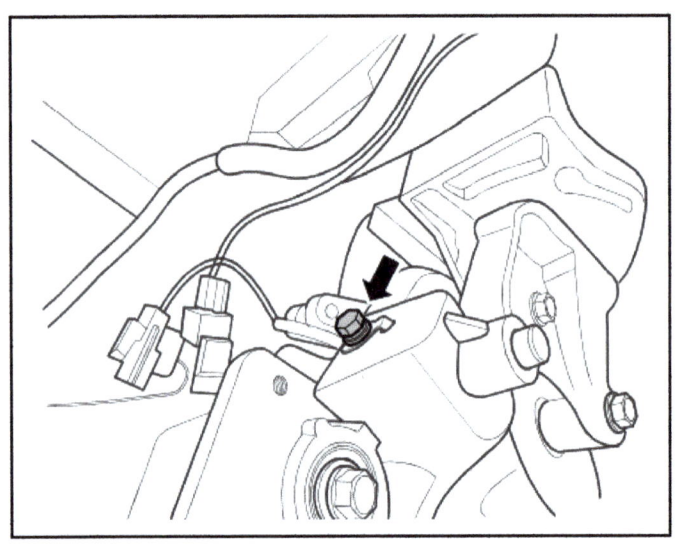

图 2-1-17　拆卸线束搭铁线

7）拆卸驱动电机进、出水管环箍，如图 2-1-18 所示。注意：水管脱开前请在车辆底部放置容器，接住冷却液，以免污染地面。拆卸或安装水管环箍时，应使用专用的环箍钳。

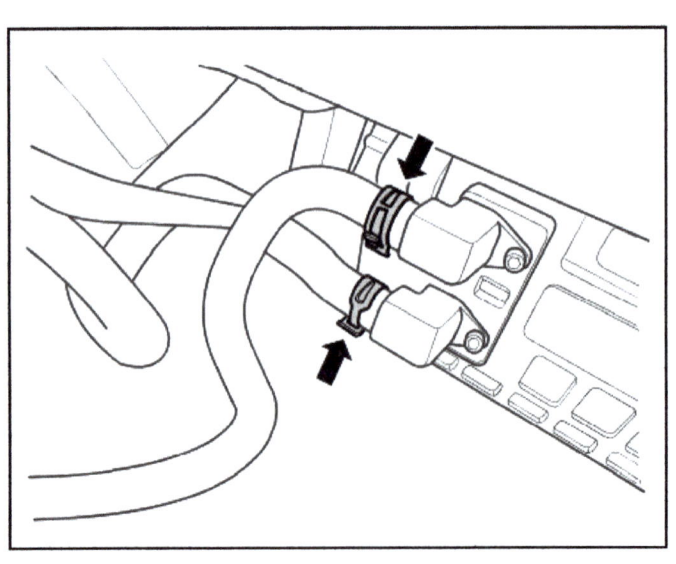

图 2-1-18　拆卸进、出水管环箍

8）拆卸后悬置，放置举升平台车，如图2-1-19所示。

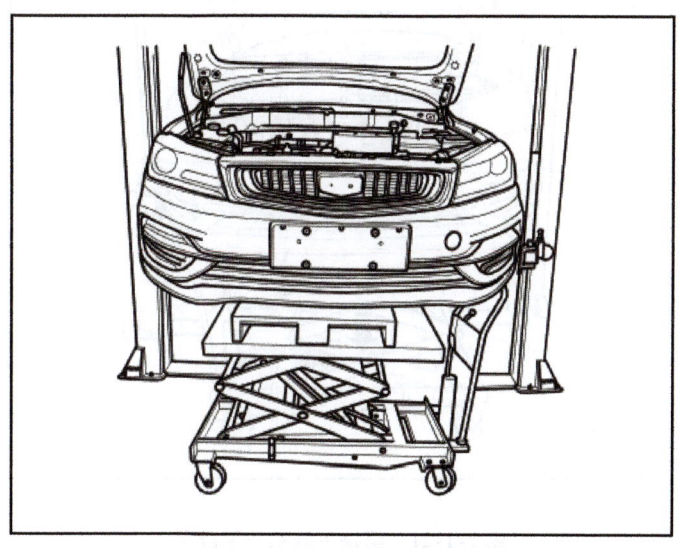

图 2-1-19　放置举升平台车

9）拆卸动力总成两个固定螺母，如图2-1-20所示。

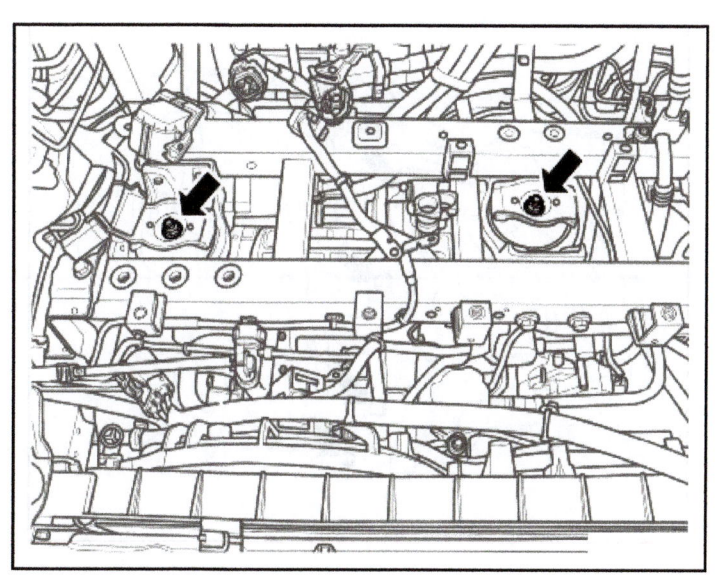

图 2-1-20　拆卸动力总成两个固定螺母

10）缓慢下降举升平台车，如图2-1-21所示。

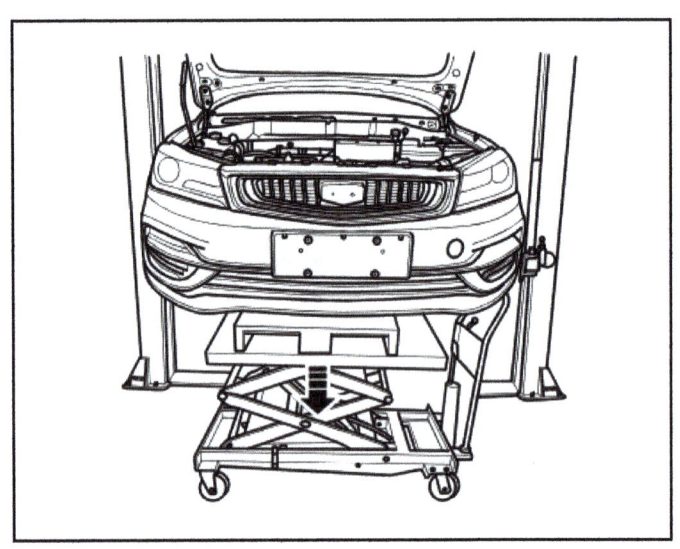

图 2-1-21　缓慢下降举升平台车

11）拆卸驱动电机及减速器总成之间的连接螺栓，将驱动电机和减速器分离，如图 2-1-22 所示。

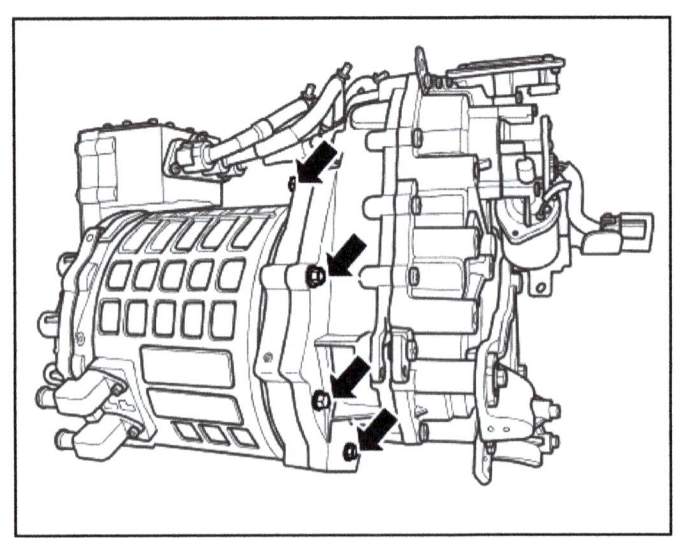

图 2-1-22　分离驱动电机和减速器

2. 安装驱动电机

1）将驱动电机和减速器组装在一起，紧固驱动电机及减速器连接螺栓，力矩为 23N·m，如图 2-1-23 所示。

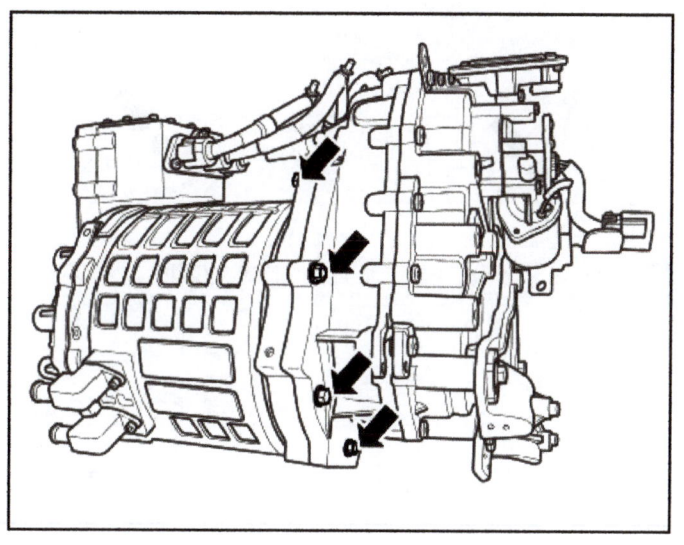

图 2-1-23　组装驱动电机和减速器

2）将动力总成放置在举升平台工具上。

3）缓慢下降举升平台车，如图 2-1-24 所示。

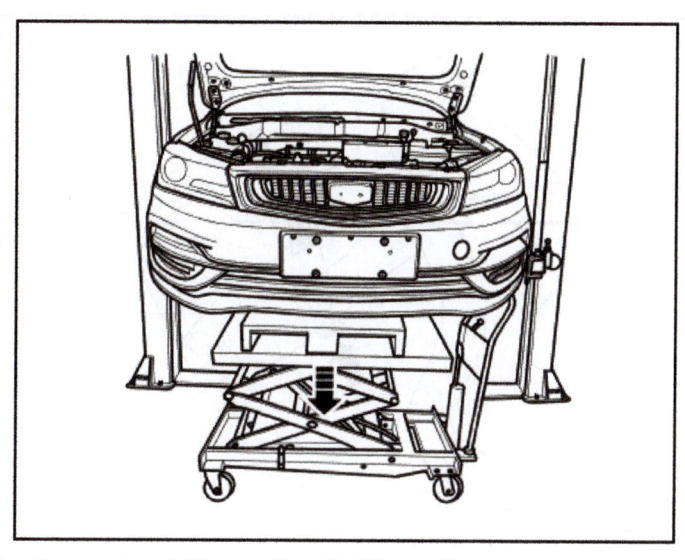

图 2-1-24　缓慢下降举升平台车

4）紧固动力总成的两个固定螺母，力矩为 80N·m，如图 2-1-25 所示。

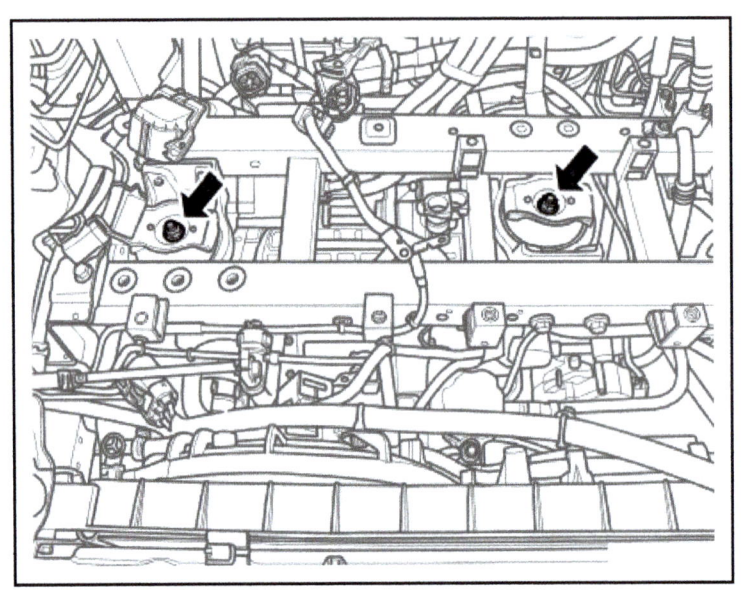

图 2-1-25　紧固两个固定螺母

5）连接驱动电机进、出水管，如图 2-1-26 所示。注意环箍装配位置应该与管路标示线对齐。

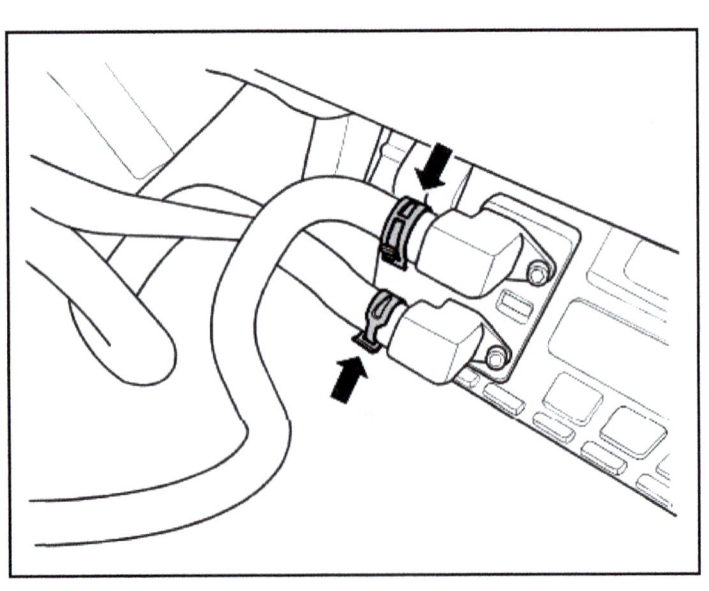

图 2-1-26　连接驱动电机进、出水管

6）安装线束搭铁线，力矩为9N·m，如图2-1-27所示。

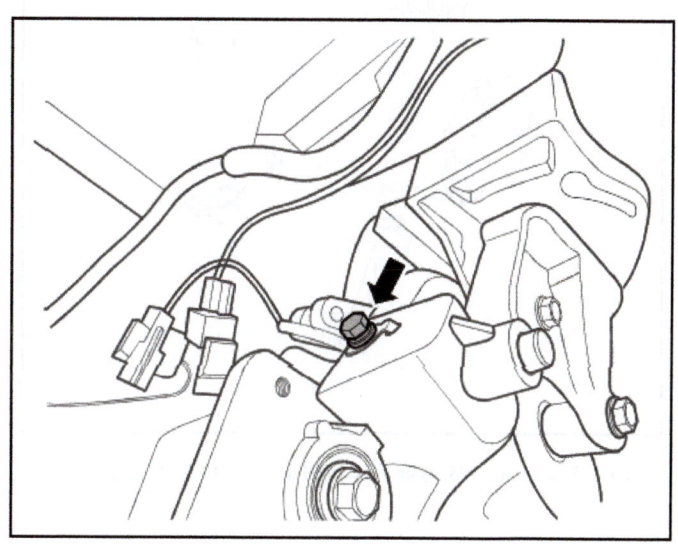

图2-1-27　安装线束搭铁线

7）插接驱动电机线束插头，安装线束卡扣，如图2-1-28所示。插接时注意"一插、二响、三确认"。

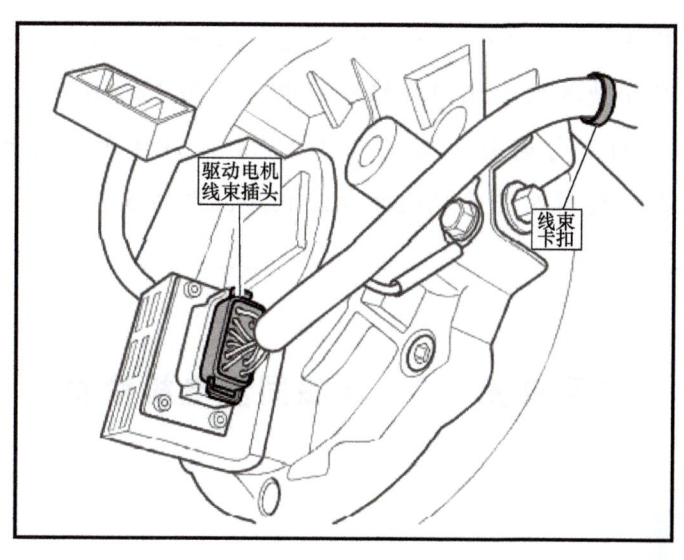

图2-1-28　插接驱动电机线束插头

8）插接TCU控制器插头，插接减速器驻车电机插头，安装线束卡扣，如图2-1-29所示。插接时注意"一插、二响、三确认"。

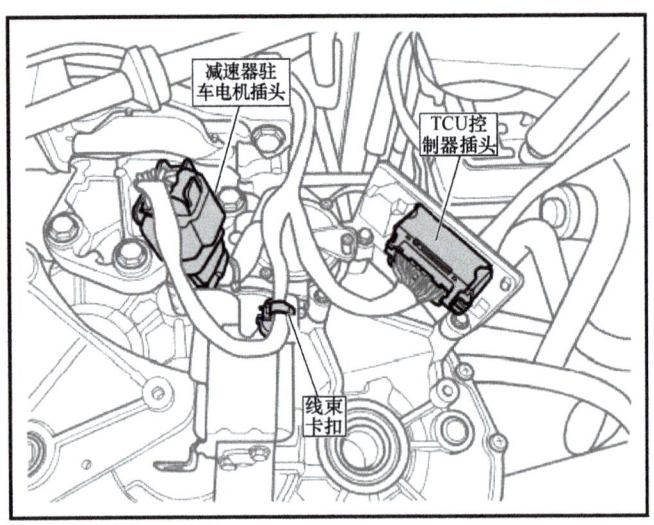

图 2-1-29　插接减速器驻车电机插头和 TCU 控制器插头

学习小结

1. 电机驱动系统一般由电机和电机控制器（功率变换器）等组成。

2. 永磁同步电机与感应电机相比，不需要无功励磁电流，可以显著提高功率因数（可达到1，甚至达到容性），减少了定子电流和定子电阻损耗，进而可以因总损耗降低而减小风扇（小容量电机甚至可以去掉风扇）和相应的风磨损耗，从而使其效率比同规格感应电机提高2%~8%。

3. 旋转磁场的方向是由三相绕组中电流相序决定的，若想改变旋转磁场的方向，只要改变通入定子绕组的电流相序，即将3根电源线中的任意两根对调即可。

学习单元 2.2　永磁同步电机检测

情境导入

一辆吉利帝豪EV450轿车，装备永磁同步电机，行驶中驱动电机处传出较大的振动和噪声。经检查，驱动电机三相线束存在短路故障，更换三相线束后，上述故障现象消失。

2.2.1 驱动电机的基本概念

纯电动汽车与普通燃油汽车最主要的区别在于电机驱动系统，电机往往具有电驱动和发电两种功能，满足车辆在驱动行驶和减速制动等多种工作模式的需要。

驱动电机系统是纯电动汽车三大核心系统之一，是车辆行驶的主要执行机构，其特性决定了车辆的主要性能指标，直接影响车辆的动力性、经济性和用户驾乘感受。

1. 纯电动汽车对驱动电机的基本要求

纯电动汽车上驱动电机的运行与一般的工业应用不同，工况非常复杂，对驱动电机有很高的要求：

1) 纯电动汽车用驱动电机应具有瞬时功率大，过载能力强（过载系数应为3~4），加速性能好，使用寿命长的特点。

2) 纯电动汽车用驱动电机应具有宽广的调速范围，包括恒转矩区和恒功率区。在恒转矩区，要求低速运行时具有大转矩，以满足起步和爬坡的要求；在恒功率区，要求低转矩时具有较大速度，以满足汽车在平坦路面能够高速行驶。

3) 纯电动汽车用驱动电机应能够在汽车减速时实现再生制动，将能量回收并反馈回动力蓄电池，提高纯电动汽车的能量利用率。这是在内燃机汽车上不能实现的。

4) 纯电动汽车用驱动电机应在整个运行范围内具有高的效率，以提高单次充电续驶里程。

5) 纯电动汽车用驱动电机应具有可靠性高，能够在恶劣环境下长期工作，结构简单，重量轻，运行噪声小，维修方便，价格便宜等特点。

2. 电机能量转换特点

电机是指依据电磁感应原理实现电能的生产、传输和使用的能量转换机械，如图 2-2-1 所示。

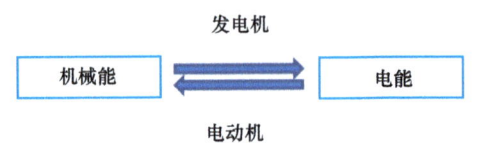

图 2-2-1　电动机与发电机作用

发电机：将机械能转换为电能。

电动机：将电能转换为机械能。

电机的可逆性：一台电机既可以做电动机运行，也可以做发电机运行。

2.2.2　电机的分类和特点

电机按照运行的方式可分为静止电机、旋转电机和直线电机，按照通入电流的类型可分为直流电机和交流电机。电动汽车上使用的电机有无刷直流电机、永磁同步电机、异步电机（感应电机）和开关磁阻电机，如图 2-2-2 所示。

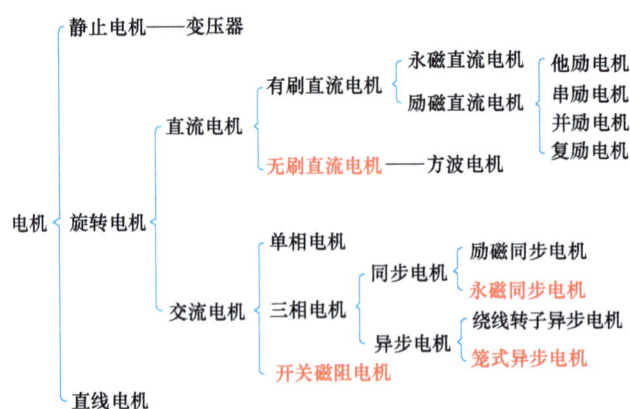

图 2-2-2　电机的分类

无刷直流电机主要应用于微型低速电动车。

永磁同步电机主要应用于绝大多数电动汽车。

异步电机主要应用于个别电动汽车，如特斯拉。

开关磁阻电机主要应用于部分电动大客车。

各类电机的特点如下：

1. 永磁同步电机

1）磁动势由永磁体产生，磁动势、电压和电流的波形均为正弦波形。

2）转子为使用稀土材料的永磁体，不需要额外励磁，可节省动力蓄电池的电能。

3）具有结构简单、体积小、重量轻、损耗小、效率高、功率因数高等优点，主要用于要求响应快速、调速范围宽、定位准确的高性能伺服传动系统和直流电机的更新替代电机，但控制较复杂，价格较高。

2. 无刷直流电机

1）响应快速、起动转矩较大。

2）外特性好，符合电动车的负载特性，调速范围大，电机效率较高，再生制动效果好，控制简单。

3）体积较大，重量较重，电机结构复杂。

3. 交流异步电机

1）结构简单，成本低，比较坚固，容易做成高转速、高电压、大电流、大容量的电机。

2）起动性和调速性较差。

4. 开关磁阻电机

1）结构最为简单，电机上没有集电环、绕组和永磁体。

2）仅在定子上有简单的集中绕组，绕组的端部较短，没有相间跨接线，维护修理容易。

3）转速较高，效率较交流异步电机高。

4）转子无永磁体，可允许较高温升。

2.2.3 吉利帝豪 EV450 轿车驱动电机的组成

吉利帝豪 EV450 轿车采用永磁同步电机，它主要由定子壳体总成、转子总成、后端盖总成、旋转变压器和深沟球轴承等组成，如图 2-2-3 所示。

机壳中含有冷却水道，电机端盖上有旋转变压器，用以监测转子位置，控制器解码后可以获知电机转速。定子上有两个温度传感器，埋设在定子绕组中，用以监测电机的绕组温度，控制器可以通过加速冷却风扇运转与降低功率运行

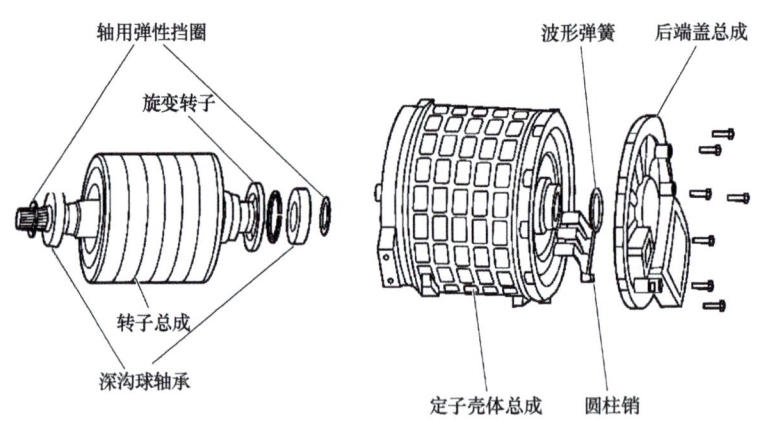

图 2-2-3 吉利帝豪 EV450 轿车驱动电机的结构

等措施保护电机，避免过热。

电机的速度-转矩特性非常适合汽车驱动的需求。电机转子采用永磁体，旋转磁场和定子线圈共同作用产生转矩。与传统汽油机不同，电机没有怠速，即使在车辆由静止到起步的临界状态，电机也可产生最大驱动转矩，可保证提供给车辆较好的加速度。转矩与转速特性如图 2-2-4 所示。

旋转变压器是转子位置传感器，用于确定电机转子的位置，便于电机控制器输出正确相位和频率的电压控制电机运转。旋转变压器转子安装在电机转子上，随其共同转动，旋转变压器定子安装在驱动电机后盖上，如图 2-2-5 所示。

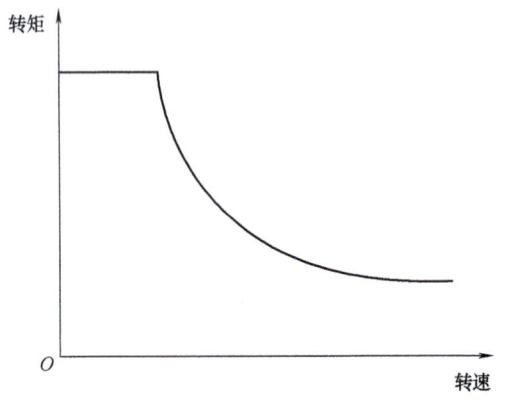

图 2-2-4 转矩与转速特性

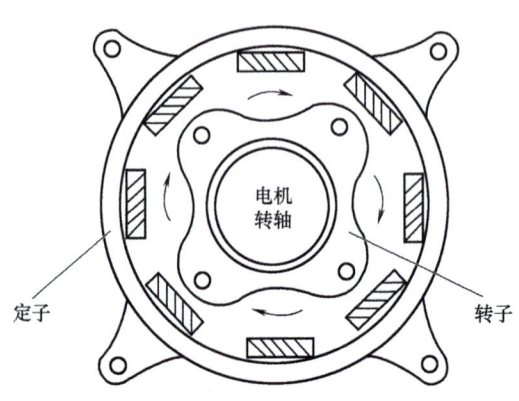

图 2-2-5 旋转变压器定子和转子

旋转变压器用来测定转子磁极位置，从而为电机控制器内的逆变器（IGBT模块）提供正确的换向信息，作为角度位置传感元件，常用的有光学编码器、磁性编码器和旋转变压器。由于制造和精度的原因，磁性编码器没有另外两种普及。光学编码器的输出信号是脉冲，因为是天然的数字信号，数据处理比较方便，因而得到了很好的应用，但信号处理电路比较复杂，价格较高。旋转变压器具有特别优良的可靠性和足够高的精度，适应更高的转速，在永磁同步电机领域逐渐替代了光学编码器，应用越来越广泛。

从原理上看，旋转变压器相当于一台可以转动的变压器。当励磁绕组以一定频率的交流电压励磁时，输出绕组的电压幅值与转子转角成正弦、余弦函数关系，或保持某一比例关系，或在一定转角范围内与转角呈线性关系，如图 2-2-6 所示。

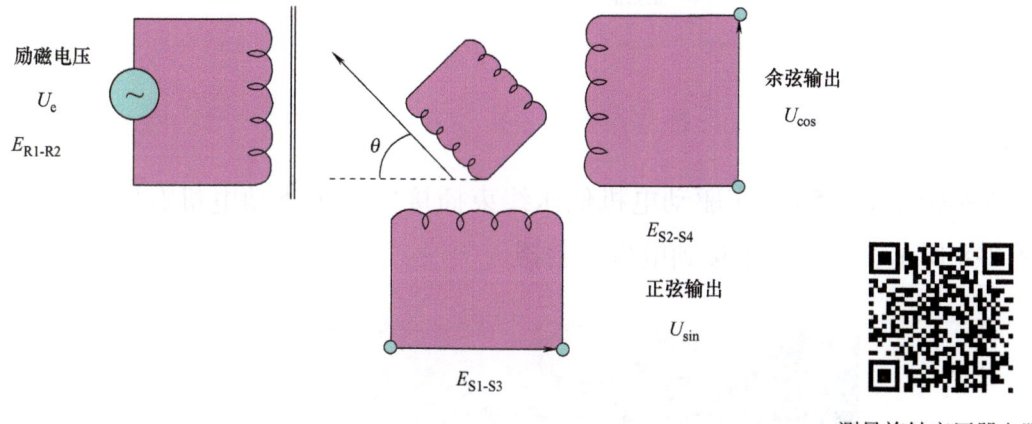

图 2-2-6　旋转变压器原理图

测量旋转变压器电阻

旋转变压器定子上有励磁绕组、正弦绕组和余弦绕组，转子上有 4 个凸起。电机工作时，旋转变压器定子绕组上的励磁绕组产生频率为 10kHz、幅值为 7.5V 的正弦波形作为基准信号。当电机转子与旋转变压器转子一起转动时，旋转变压器转子转过定子线圈，改变定子线圈与转子之间的磁通，使正弦绕组和余弦绕组受励磁绕组感应，信号幅值产生一定变化，呈正弦和余弦波形，如图 2-2-7 所示。波形的幅值和相位因与电机转子同转的旋转变压器转子的变化而变化，由此可判断出电机转子的位置、转速及旋转方向。

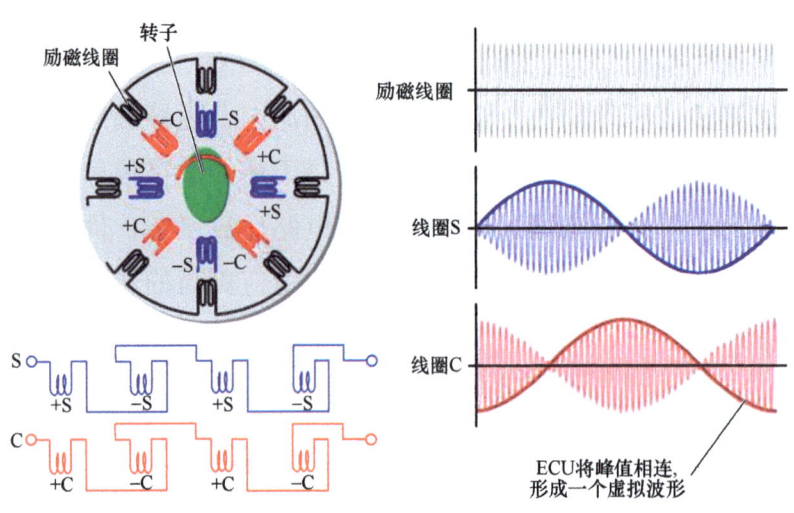

图 2-2-7 旋转励磁绕组与信号波形

S—正弦信号波形　C—余弦信号波形

2.2.4　永磁同步电机低压线束端子检测

吉利帝豪 EV450 轿车驱动电机低压线束插接器位于驱动电机右侧下方，如图 2-2-8 所示，另一端连接到电机控制器。

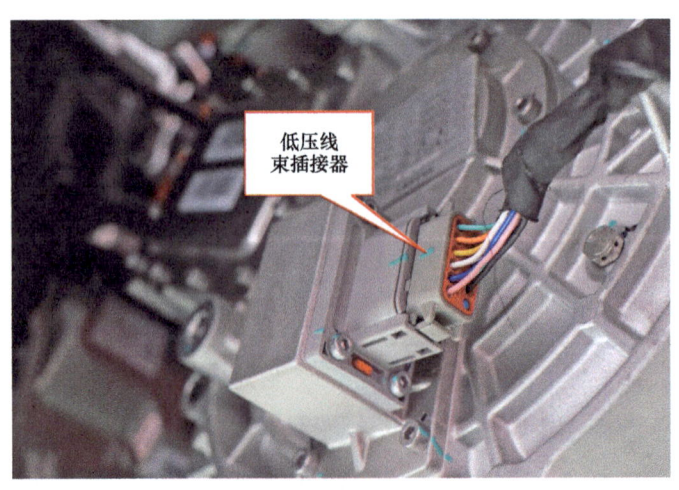

图 2-2-8　驱动电机低压线束插接器

驱动电机低压线束插接器共有 12 个端子，其针脚排列如图 2-2-9 所示。

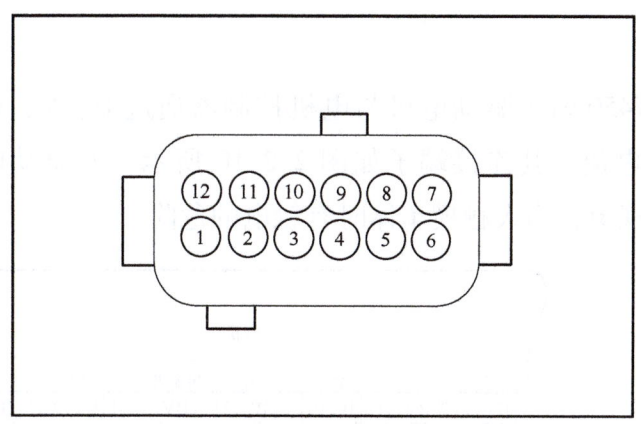

图 2-2-9　驱动电机低压线束插接器针脚排列

各针脚的端子定义见表 2-2-1。

表 2-2-1　驱动电机低压线束端子定义

端子号	端子定义	端子状态
1	NTC 温度传感器 1 +	—
2	NTC 温度传感器 1 −	—
3	NTC 温度传感器 2 +	—
4	NTC 温度传感器 2 −	—
5	屏蔽接地	—
6	屏蔽接地	—
7	COSL	旋变余弦
8	COS	旋变余弦
9	SINL	旋变正弦
10	SIN	旋变正弦
11	REFL	旋变励磁
12	REF	旋变励磁

吉利帝豪 EV450 轿车驱动电机的旋转变压器励磁绕组约为 9.5Ω，正弦绕组约为 13.5Ω，余弦绕组约为 14.5Ω。驱动电机温度传感器 1 和温度传感器 2 在 −40℃时，正常电阻约为 241Ω；20℃时，正常电阻约为 13.6Ω；85℃时，正常电阻约为 1.6Ω。阻值随温度升高而降低，阻值随温度降低而升高。

2.2.5 永磁同步电机绝缘电阻检测

吉利帝豪 EV450 轿车驱动电机与电机控制器通过 U、V、W 三相高压线束连接，传递高压电流，其连接端子如图 2-2-10 所示。若驱动电机出现绝缘故障，将导致漏电现象，当人触摸车体时有触电的危险。

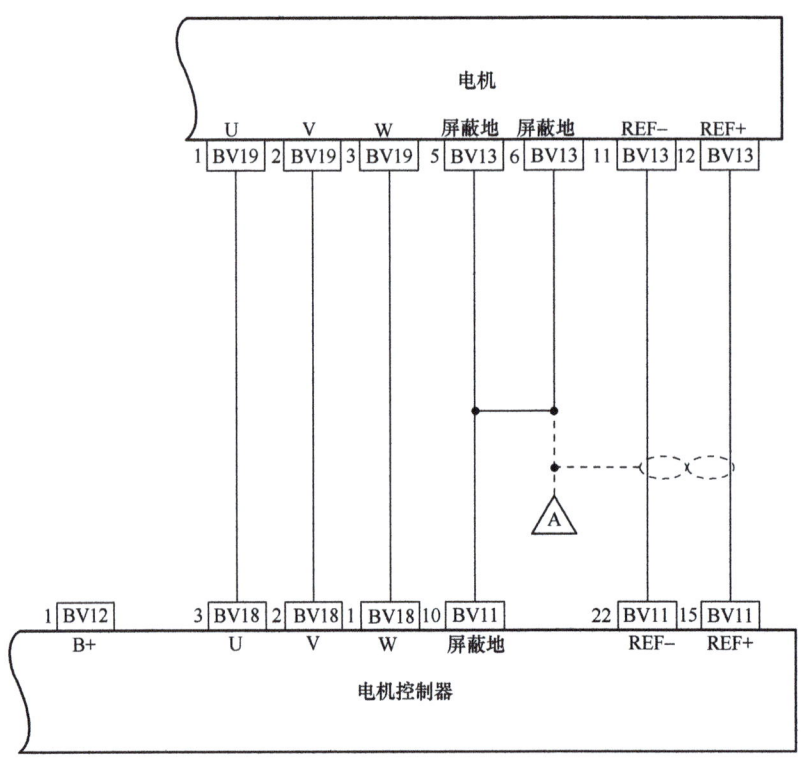

图 2-2-10 驱动电机与电机控制器三相高压连接端子

检查驱动电机的绝缘性可按以下步骤操作：

1. 确认高压回路已切断

1）操作启动开关使电源模式至 OFF 状态。

2）断开蓄电池负极线束。

3）断开直流母线。

4）断开电机控制器高压线束插接器 BV18，如图 2-2-11 所示。

5）等待 5min。

6）用万用表检测电机控制器正、负极电压。标准电压应小于 5V，如果电压未达到要求，需继续等待电机电压下降。

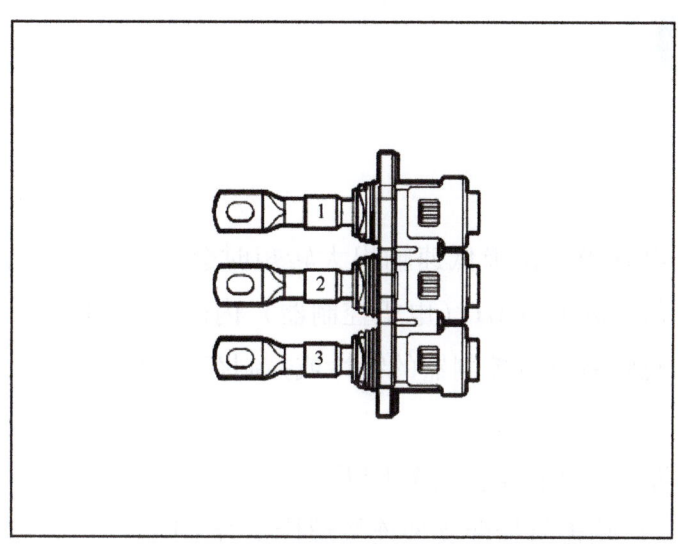

图 2-2-11 电机控制器高压线束插接器 BV18

2. 检测电机绝缘阻值

1) 操作启动开关使电源模式至 OFF 状态。

2) 断开蓄电池负极线束。

3) 断开直流母线。

4) 拆卸驱动电机三相线束插接器 BV18（电机控制器侧）。

5) 将高压绝缘电阻仪的档位调至 1000V，该仪器如图 2-2-12 所示。

6) 用高压绝缘电阻仪测量三相线束插接器 BV18 的端子 1 与电机壳体之间的电阻，标准电阻应大于 20MΩ。

7) 用高压绝缘电阻仪测量三相线束插接器 BV18 的端子 2 与电机壳体之间的电阻，标准电阻应大于 20MΩ。

8) 用高压绝缘电阻仪测量三相线束插接器 BV18 的端子 3 与电机壳体之间的电阻，标准电阻应大于 20MΩ。

确认测量值是否符合标准，如果不符合标准，应修理或更换线束。

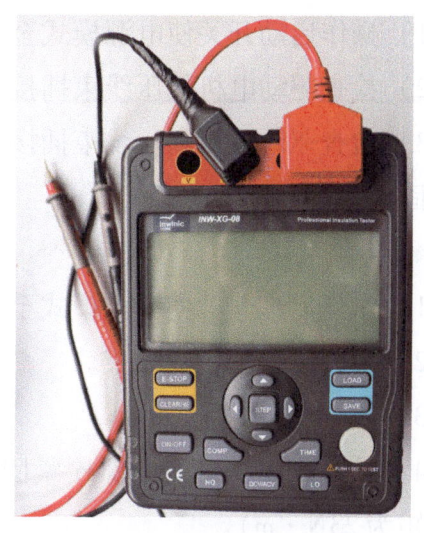

图 2-2-12 高压绝缘电阻仪

2.2.6 驱动电机异响、强烈振动或转速和输出功率达不到要求的故障诊断

驱动电机的电磁噪声在极低速输出大转矩时会变得更加明显。当遇此工况时，电机控制器就会降低 IGBT（电机控制器）内的变换频率，这时就会出现上述状况。这并不意味着电机控制器的特性或控制存在问题。

1. 紧固驱动电机固定螺栓

1）操作启动开关使电源模式至 OFF 状态。

2）检查电机后端盖与悬架支架连接螺栓是否紧固。

3）检查电机前端盖与减速器壳体连接螺栓是否紧固。如果不紧固，需要紧固电机固定螺栓。

2. 检查电机冷却系统

1）操作启动开关使电源模式至 ON 状态。

2）检查冷却管路有无老化、变形、渗漏。

3）确认散热器、管路无水垢或堵塞现象。

4）确认水泵工作正常。这里需要优先排除冷却系统故障。

3. 检查驱动电机线束插接器

1）操作启动开关使电源模式至 OFF 状态。

2）检查驱动电机低压线束插接器是否插接牢固、无松脱。

3）检查驱动电机高压线束插接器是否插接牢固、无松脱。若存在松脱，需重新固定插接器。

4. 检查驱动电机三相线束紧固力矩

1）操作启动开关使电源模式至 OFF 状态。

2）断开蓄电池负极线束。

3）断开直流母线。

4）检查三相线束固定螺栓紧固力矩（电机控制器侧）是否符合标准（标准力矩为 23N·m）。

5）检查三相线束固定螺栓紧固力矩（电机侧）是否符合标准（标准力矩

为 23N·m），否则紧固电机三相线束。

5. 检测驱动电机三相线束是否相互短路故障

1）操作启动开关使电源模式至 OFF 状态。

2）断开蓄电池负极线束。

3）断开直流母线。

4）断开驱动电机三相线束插接器 EP61（图 2-2-13）和 BV19（图 2-2-14）。

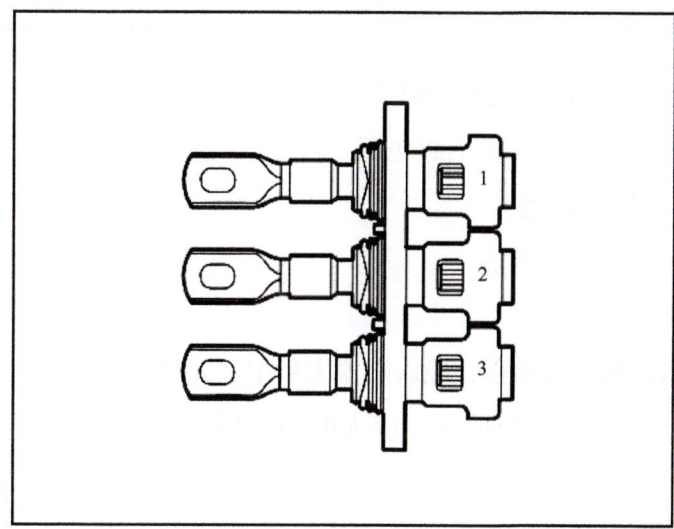

图 2-2-13　电机总成线束插接器 EP61

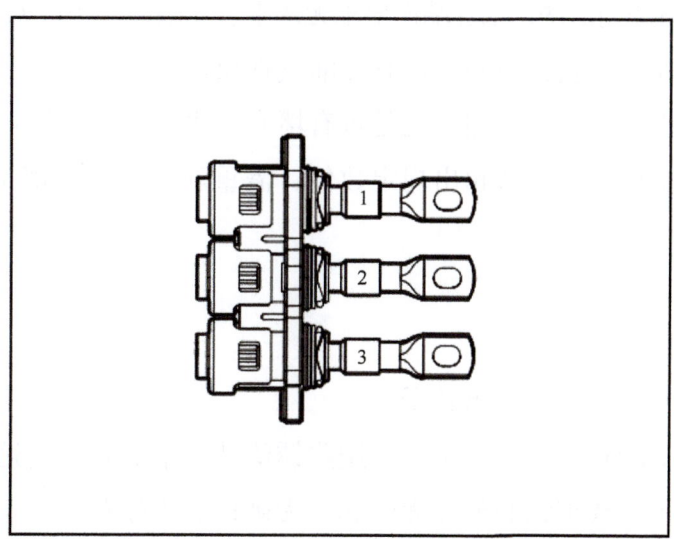

图 2-2-14　电机总成线束插接器 BV19

5）用万用表按表 2-2-2 所示进行测量。

表 2-2-2　BV19 各端子绝缘电阻标准值

测量位置 A	测量位置 B	测量标准值
BV19-1	BV19-2	标准电阻：20kΩ 或更高
BV19-1	BV19-3	同上
BV19-2	BV19-3	同上

若不符合标准，应修理或更换线束。

6. 检测驱动电机三相线束绝缘电阻

该方法在前文中已叙述。

7. 清理、检查前、后端盖

1）拆卸电机。

2）用除锈清洗剂清洗端盖，确认端盖无灰尘、无杂物、止口无破损、无碰伤。

3）用内径千分尺测量轴承室，应无磨损、甩圈，轴承室尺寸合格。否则修理或更换后端盖。

8. 清理、检测水套壳体

1）拆卸电机。

2）用除锈清洗剂清洗，水套端面要求无灰尘、无杂物、止口无破损、无碰伤。

3）用密封检测工装，检测壳体有无漏气现象。

4）用水道检测工装，检测水道是否有堵塞、水流量是否满足冷却要求。

5）复测转子动平衡。若超出规定数值，需重新标定动平衡量。确认故障是否排除。

9. 清理、检测转子

1）拆卸电机。

2）用电机专用拆装机拆出转子。

3）用胶带清理转子灰尘、杂物，用除锈清洗剂清除转子锈迹。

4）检测转子，要求铁心外径无鼓起、无破损、无剐蹭。

5）复测转子动平衡。若超出规定数值，需重新标定动平衡量。确认故障是否排除。

10. 清理、检测定子

1）拆卸电机。

2）用吸尘器清理定子灰尘，用除锈清洗剂清除定子铁心的锈迹，要求定子表面无灰尘，定子内圆无剐蹭、无杂物，定子线包无损伤，定子绝缘漆无脆裂等。

3）用耐压绝缘表测试耐压、绝缘。

4）用定子综合测试仪测试电性能。

5）更换出线端子。

6）检测温度传感器绝缘。

7）重新更换三相出线和温度传感器出线的绝缘管、热缩管。确认故障是否排除。

11. 检测旋变定子

1）拆卸电机。

2）用电阻计检测旋变定子电阻值。

3）用耐压绝缘表测试耐压、绝缘。

4）重新更换旋变信号线出线绝缘管、端子。确认故障是否排除。

12. 更换前、后轴承

1）拆卸电机。

2）用顶拔器拆除旧轴承，用专用压装工装压轴承内圈，更换新轴承，轴承必须装配到位。

3）轴用轴承挡圈安装到位。确认故障是否排除。

若以上方法均排除故障，则需更换电机。

⚠ 学习小结

1. 电机驱动系统一般由电机和电机控制器（功率变换器）等组成。纯电动汽车与普通燃油汽车最主要的区别在于电机驱动系统，电机往往具有电驱动和发电两种功能，满足车辆在驱动行驶和减速制动等多种工作模式的需要。

2. 电机按照运行的方式可分为静止电机、旋转电机和直线电机，按照通入电流的类型可分为直流电机和交流电机。

3. 吉利帝豪EV450采用的永磁同步电机，主要由定子壳体总成、转子总成、后端盖总成、旋转变压器和深沟球轴承等组成。

学习情境 3

电机控制系统拆装与检测

学习目标

1. 能通过与客户交流、查阅相关维修技术资料等方式获取车辆信息。
2. 能根据故障现象选择合适的维修手册。
3. 能正确将电机控制器进行拆解。
4. 能正确对电机控制器进行检测。
5. 能根据维修手册将电机控制器与其他总成部件之间的连接线束断开并进行检查、测量。
6. 能正确拆装电动水泵。
7. 能正确对高压部件进行安全防护拆装。

学习单元 3.1　电机控制器拆装与检测

情境导入

一辆吉利帝豪 EV450 轿车，装备永磁同步电机，车辆无法行驶。经检查，电机控制器逆变器模块存在故障，更换电机控制器后，上述故障现象消失。

电机控制器认知

3.1.1 电机控制器的功能

VCU 能根据驾驶人的意图发出各种指令，电机控制器采用 CAN 通信控制，响应反馈并实时调整驱动电机输出，同时采集电机位置信号和三相电流检测信号，精确控制整车的怠速、前行、倒车、停车、能量回收及驻坡等功能。吉利帝豪 EV450 轿车电机控制器在车上的位置如图 3-1-1 所示。

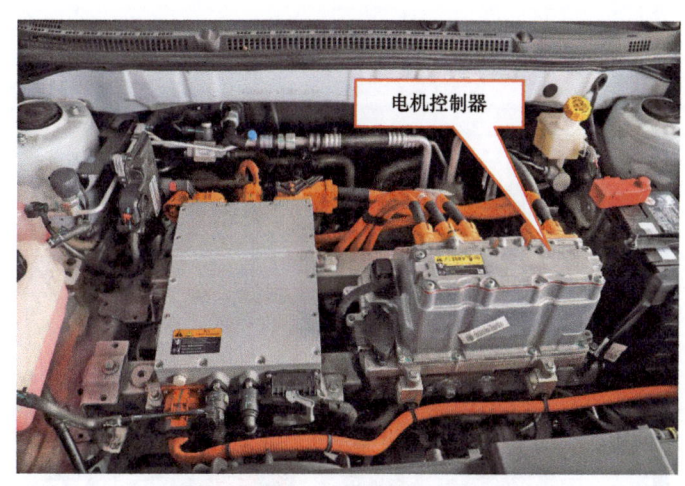

图 3-1-1 电机控制器在车上的位置

电机控制器是一个既能将动力蓄电池中的直流电转换为交流电来驱动电机，同时具备将车轮旋转的动能转换为电能（交流电转换为直流电）给动力蓄电池充电的设备。电机控制器高压线束连接如图 3-1-2 所示。

在车辆制动或滑行阶段，驱动电机作为发电机应用。它可以完成由车轮旋转的动能到电能的转换，给动力蓄电池充电。

电机控制器的三相交流高压线束连接驱动电机，两相直流高压线束并不与动力蓄电池直接连接，而是从动力蓄电池经由车载充电机后到电机控制器，此时车载充电机充当了高压分线盒的作用，其两相高压电经过车载充电机时并不经过任何转换。该两相直流高压线束在车上的位置如图 3-1-3 所示。

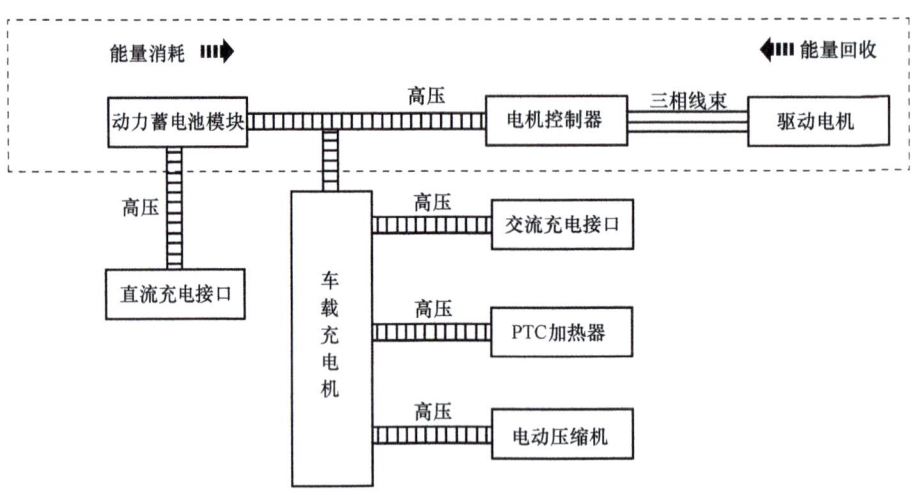

图 3-1-2　电机控制器高压线束连接

图 3-1-3　电机控制器两相直流高压线束在车上的位置

升降压变换器（DC/DC 变换器）集成在电机控制器内部，其功能是将动力蓄电池的高压电转换为 14V 低压电，给整车低压系统供电，如图 3-1-4 所示。

加速踏板位置传感器信号将驾驶人的驾驶意图传递给 VCU，VCU 通过 CAN 总线将信号传递给电机控制器，从而形成相适应的三相高压电流驱动电机运转。吉利帝豪 EV450 轿车的加速踏板位置传感器设计成双输出传感器，两个传感器

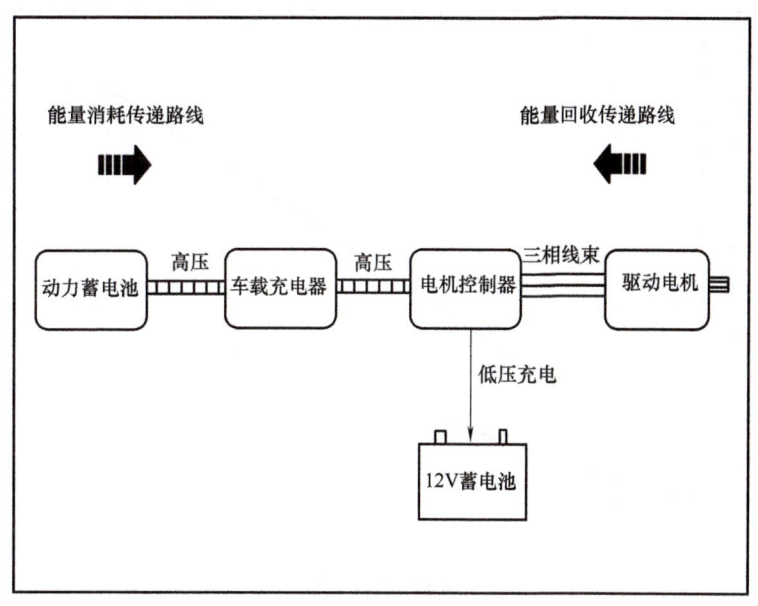

图 3-1-4　电机控制器内的 DC/DC 变换器功能

的输出电压信号都随加速踏板的踩下距离增加而增大。加速踏板位置传感器的参数见表 3-1-1。

表 3-1-1　加速踏板位置传感器的参数

项　目	参　数
电源电压/V	5
负载电阻/kΩ	>300
操作力/N	5～44

加速踏板位置传感器参数曲线如图 3-1-5 所示。

制动踏板信号也是驾驶人的重要驾驶意图之一，与加速踏板位置信号类似，都是经由 VCU 传递到电机控制器，最终转化为驱动电机的控制信号。当驾驶人踩下制动踏板，表现制动或减速意图时，制动踏板开关将制动踏板位置信号转换成电压信号，通过硬线传递给 VCU。制动踏板开关内部有两组开关，一组为动断开关，另一组为动合开关。VCU 通过两组开关输出电压的变化判断驾驶人的制动或减速意图。制动踏板开关信号传递路线如图 3-1-6 所示。

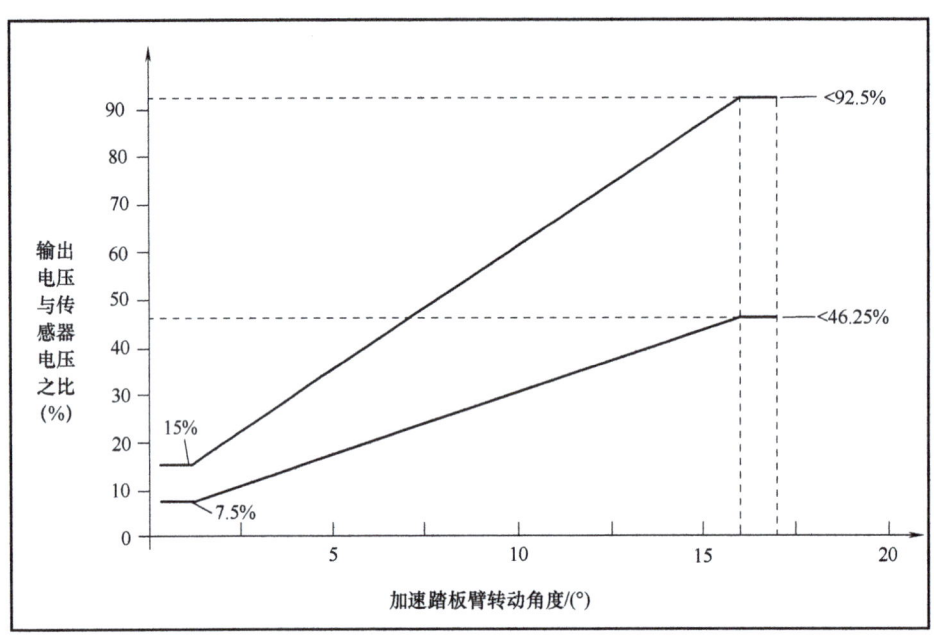

图 3-1-5　加速踏板位置传感器参数曲线

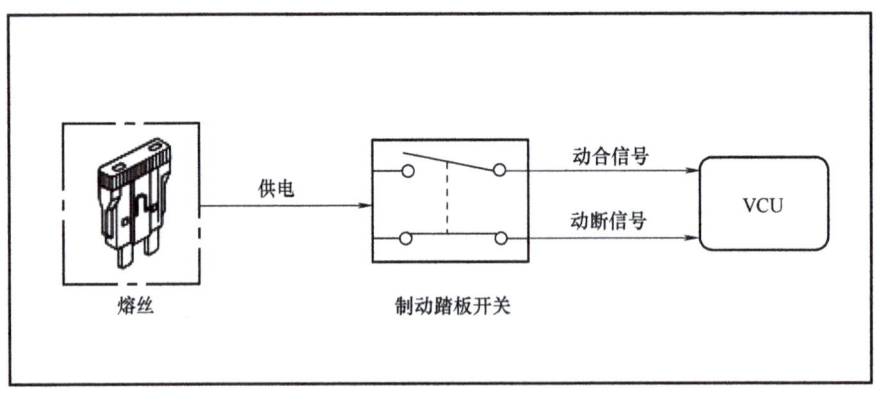

图 3-1-6　制动踏板开关信号传递路线

3.1.2　电机控制器的结构

电机控制器内部包含一个 DC/AC 逆变器和一个 DC/DC 变换器,逆变器由 IGBT、直流母线电容、驱动和控制电路板等组成,实现直流(可变的电压、电流)与交流(可变的电压、电流、频率)之间的转变。直流转换器由高低压功率器件、变压器、电感器、驱动和控制电路板等组成，实现直流高压向直流低压的能量传递。电机控制器还包含冷却器，（通冷却液）给电子功率器件散热。吉利帝豪 EV450 轿车电机控制器的外观如图 3-1-7 所示。

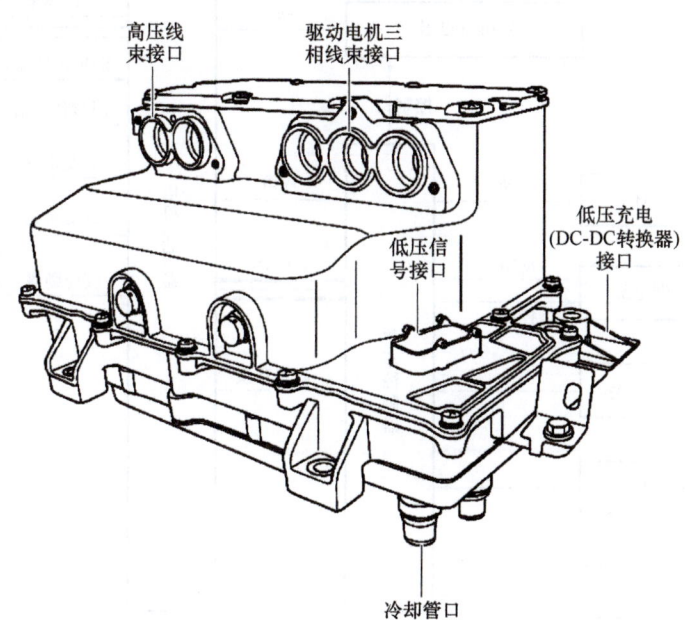

图 3-1-7　吉利帝豪 EV450 轿车电机控制器的外观

3.1.3　电机控制系统的工作原理

1. 电机控制器连接电路

吉利帝豪 EV450 轿车电机控制器对外连接电路如图 3-1-8 所示。

1）吉利帝豪 EV450 轿车电机控制器与驱动电机之间连接三相交流高压线束，在行驶与制动时传递三相交流高压电。

2）电机控制器与车载充电机内的分线盒之间连接两相直流高压线束，在行驶与制动时传递两相直流高压电。

3）电机控制器与驱动电机之间连有低压线束，主要传递电机温度信号和旋变信号等，用于判断当前电机的工作状态。

4）电机控制器内部的 DC/DC 变换器向整车低压电路及蓄电池提供 14V 低压直流电，满足全车低压电气系统的需求。

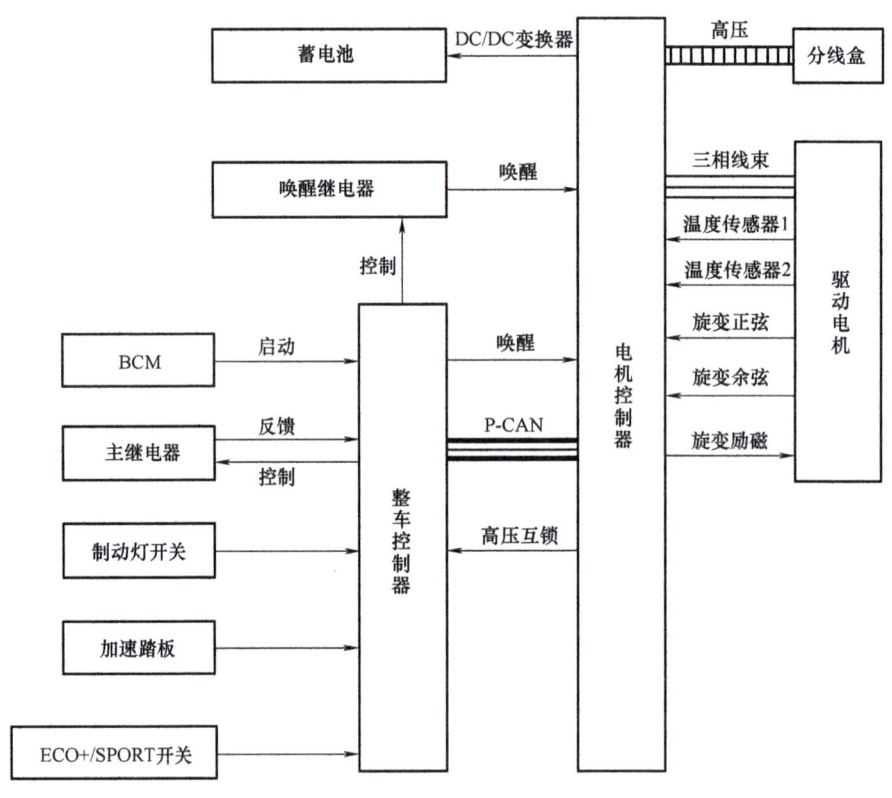

图 3-1-8　吉利帝豪 EV450 轿车电机控制器对外连接电路

5）在充电等工况下，唤醒继电器通过唤醒线对电机控制器进行唤醒供电。

6）在充电等工况下，VCU 通过单独的唤醒线对电机控制器进行唤醒。

7）VCU 通过 CAN 线对电机控制器进行驾驶意图和电机状态等信息传输。

为防止高压系统暴露产生危险而设置的高压互锁线连接在电机控制器与 VCU 之间。

2. 电机控制器工作模式

吉利帝豪 EV450 轿车电机控制系统具有以下工作模式：

（1）转矩控制模式　电机控制系统控制驱动电机轴向四象限的转矩。由于没有转矩传感器，转矩指令（由 VCU 发送）被转换成为电流指令，并进行闭环控制。转矩控制模式只有在获得正确的初始偏移角度时才能进行。

（2）静态模式　静态模式在电机控制器处于被动状态（待机状态）或故障

状态时被激活。

(3) 主动放电模式　主动放电用于高压直流端电容的快速放电。主动放电指令来自 VCU 的指令或由电机控制器内部故障触发。

(4) DC/DC 变换器直流变换　电机控制器中的 DC/DC 变换器将高压直流端的高压变换成指定的直流低压（14V），低压设定值来自 VCU 指令。

(5) 系统诊断　当故障发生时，软件根据故障级别使电机控制器进入安全状态或限制状态。安全状态包括主动短路或 Freewheel 模式，限制状态包括 4 个级别的功率/转矩输出限制。电机控制器软件中提供基于 ISO—14229 标准的诊断通信功能，见表 3-1-2。

表 3-1-2　吉利帝豪 EV450 轿车电机控制器诊断通信

诊断项目	诊断内容
传感器诊断	电流传感器、电压传感器、温度传感器、位置传感器等故障诊断
电机诊断	电流调节故障，电机性能检查，主动短路或空转条件不满足、转子偏移角诊断等
CAN 通信诊断	CAN 内存检测，总线超时、报文长度、收发计数器的诊断
硬件安全诊断	相电流过电流诊断、直流母线过电压诊断、处理器监控等
DC/DC 变换器诊断	DC/DC 变换器传感器以及工作状态诊断

3.1.4　电机控制器的更换

电机控制器更换时，确保车辆处于下电状态。

1. 拆卸电机控制器

1）拆卸电机控制器上盖。拆卸上盖 8 个螺栓，取下电机控制器上盖，如图 3-1-9 所示。

2）拆卸驱动电机三相线束插接器（电机控制器侧）3 个固定螺栓①，如图 3-1-10 所示。

3）拆卸驱动电机三相线束插接器（电机控制器侧）3 个固定螺栓②，脱开三相线束，如图 3-1-10 所示。

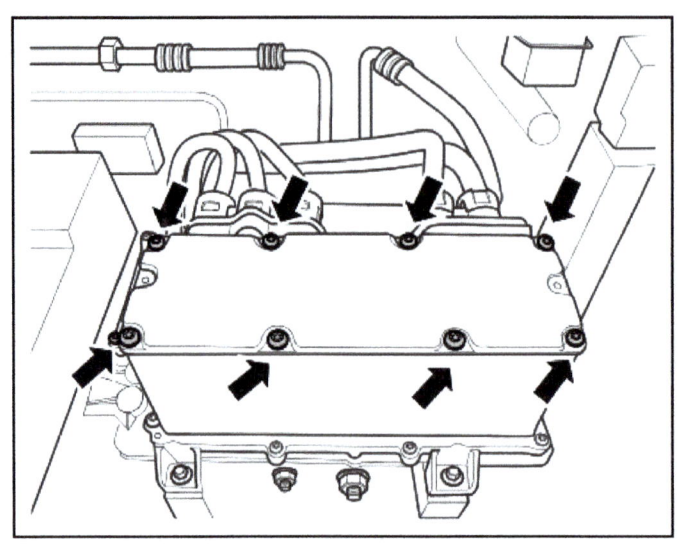

图 3-1-9　拆卸电机控制器上盖

拆卸电机控制器线束

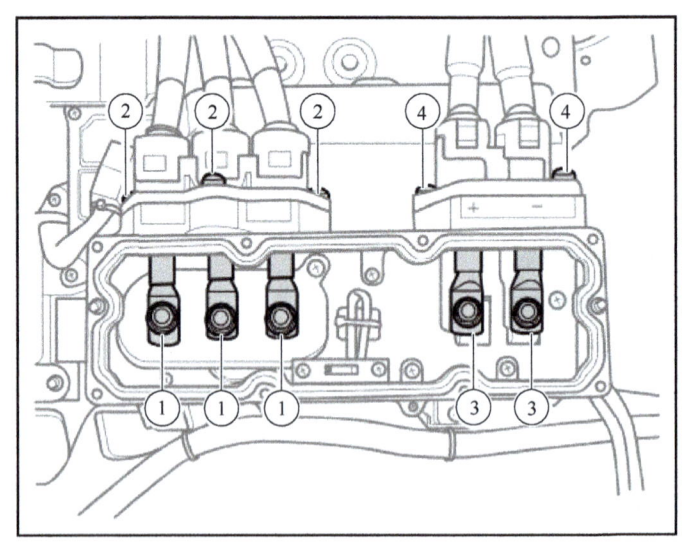

图 3-1-10　拆卸驱动电机固定螺栓

4）拆卸电机控制器高压线束插接器（电机控制器侧）两个固定螺栓③，如图 3-1-10 所示。

5）拆卸电机控制器高压线束端子（电机控制器侧）两个固定螺栓④，脱开线束，如图 3-1-10 所示。

6）取下电机控制器搭铁防尘盖，如图 3-1-11 所示。

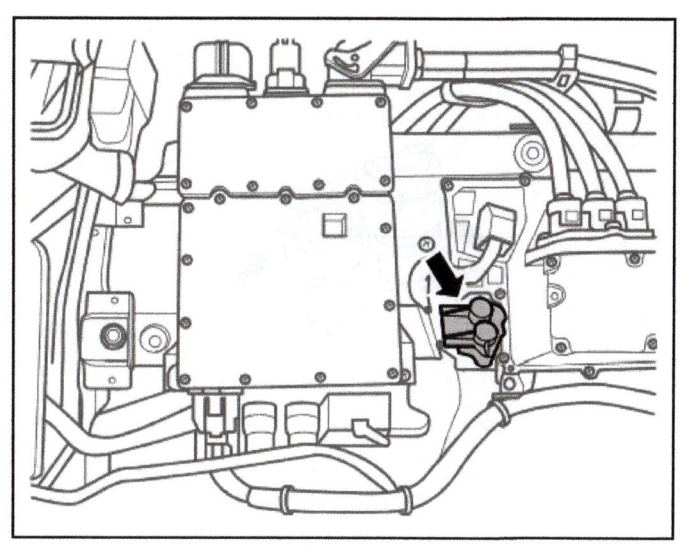

图 3-1-11 取下电机控制器搭铁防尘盖

7)断开电机控制器线束插头,如图 3-1-12 所示。

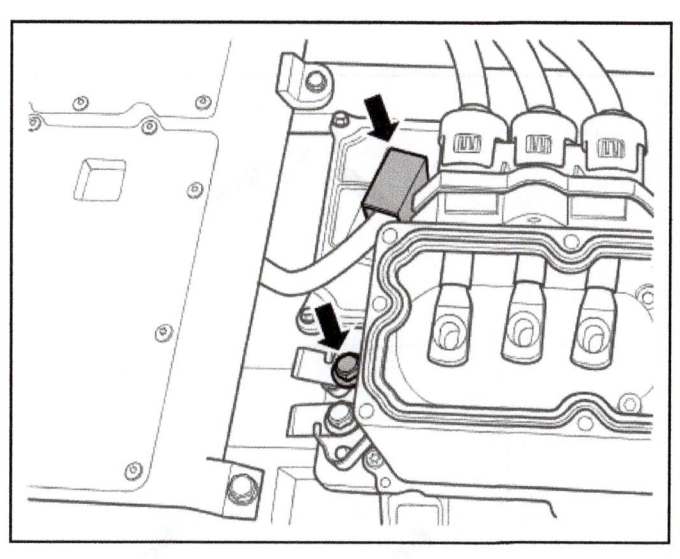

图 3-1-12 断开电机控制器线束插头

8)拆卸电机控制器两根搭铁线束的固定螺母,脱开搭铁线束。

9)脱开电机控制器进水管和出水管,如图 3-1-13 所示。注意:水管脱开前应在车辆底部放置容器,接住冷却液,以免污染地面。

图 3-1-13 脱开电机控制器进水管和出水管

10）拆卸电机控制器 4 个固定螺栓，取下电机控制器总成，如图 3-1-14 所示。

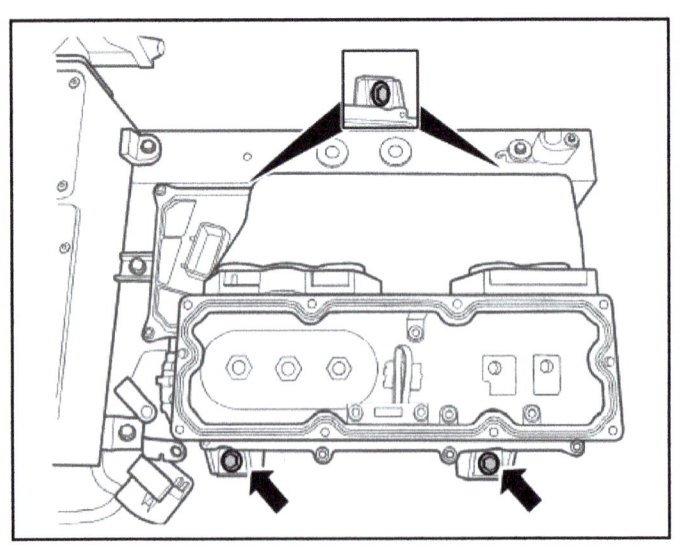

图 3-1-14 拆卸电机控制器 4 个固定螺栓

2. 安装电机控制器

1）安装电机控制器进、出水管，如图 3-1-15 所示。

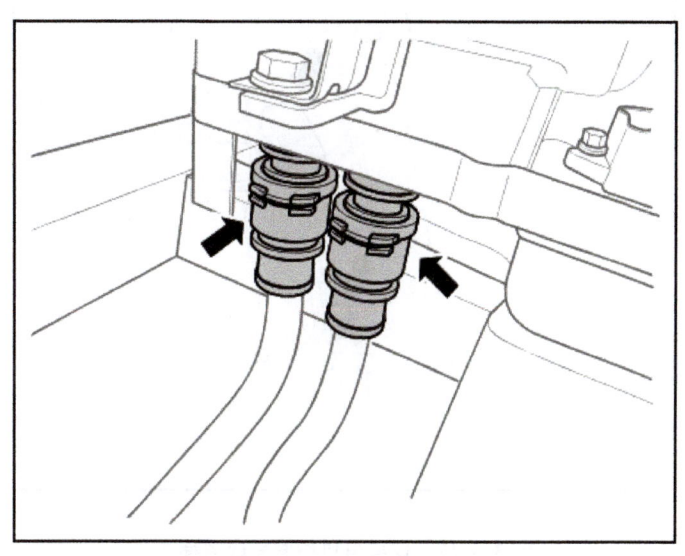

图 3-1-15　安装电机控制器进、出水管

2）紧固电机控制器 4 个固定螺栓，力矩为 22N·m，如图 3-1-16 所示。

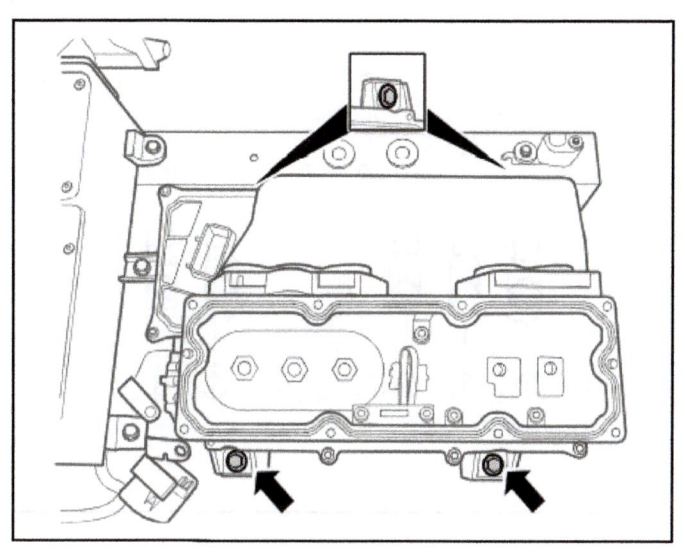

图 3-1-16　紧固电机控制器 4 个固定螺栓

3）连接电机控制器线束插头，如图 3-1-17 所示。

4）连接两根搭铁线，紧固螺母，力矩为 23N·m，盖上防尘盖。

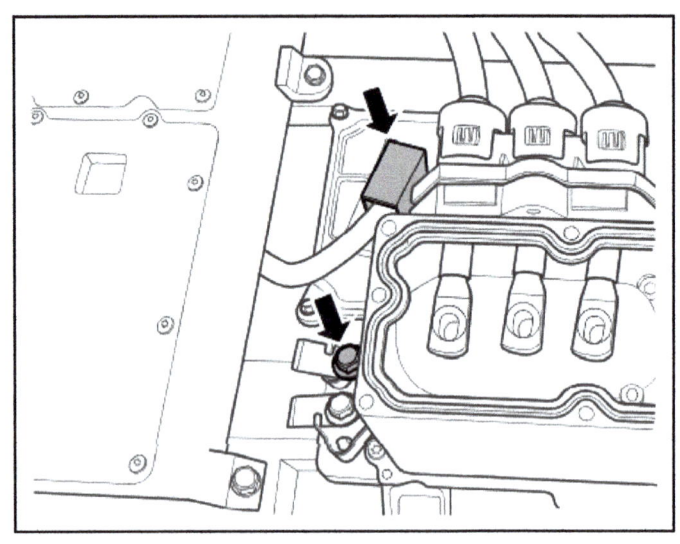

图 3-1-17　连接电机控制器线束插头

5）连接三相线束，紧固驱动电机三相线束插接器（电机控制器侧）3个固定螺栓①，力矩为 23N·m，如图 3-1-18 所示。

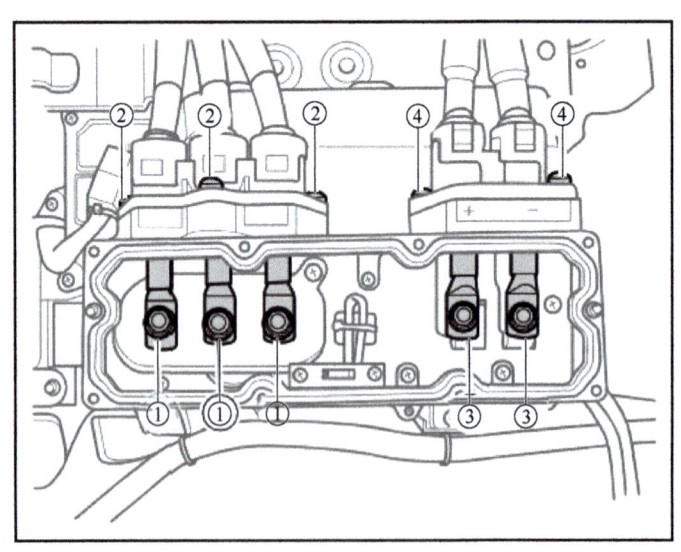

图 3-1-18　紧固驱动电机固定螺栓

6）紧固驱动电机三相线束插接器（电机控制器侧）3个固定螺栓②，力矩为 7N·m。

7）连接线束，紧固分线盒电机控制器高压线束插接器（电机控制器侧）

2个固定螺栓③，力矩为23N·m。

8）紧固分线盒电机控制器高压线束端子（电机控制器侧）2个固定螺栓④，力矩为7N·m。

9）放置电机控制器上盖，紧固电机控制器上盖8个螺栓，力矩为9N·m，如图3-1-19所示。注意：电机控制器端盖合盖时采取对角法拧紧。

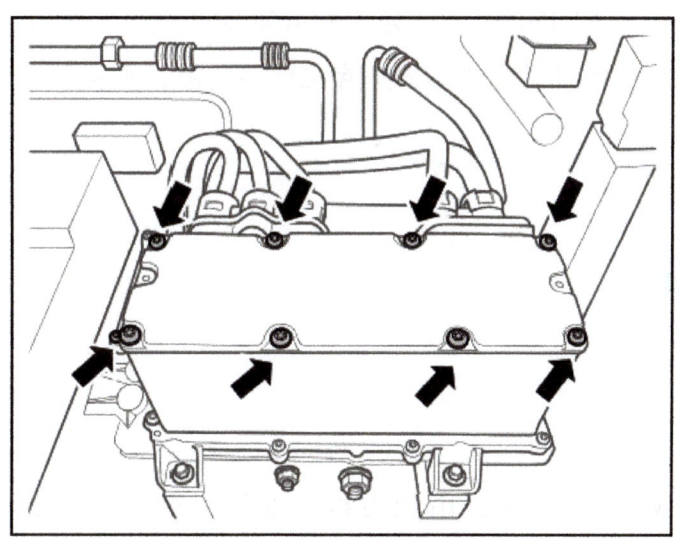

图3-1-19　安装电机控制器上盖

学习小结

1. VCU能根据驾驶人的意图发出各种指令，电机控制器采用CAN通信控制，响应反馈并实时调整驱动电机输出，同时采集电机位置信号和三相电流检测信号，精确控制整车的怠速、前行、倒车、停车、能量回收及驻坡等功能。

2. 电机控制器是一个既能将动力蓄电池中的直流电转换为交流电驱动电机，同时具备将车轮旋转的动能转换为电能（交流电转换为直流电）给动力蓄电池充电的设备。

3. 电机控制器内部包含1个DC/AC逆变器和1个DC/DC直流变换器，逆变器由IGBT、直流母线电容、驱动和控制电路板等组成，实现直流（可变的电压、电流）与交流（可变的电压、电流、频率）之间的转变。

学习单元3.2　电机控制系统性能测试与故障排除

情境导入

一辆吉利帝豪EV450轿车，装备永磁同步电机，车辆仪表显示电机过温故障。经检查，电机温度传感器1存在断路故障，更换驱动电机后，上述故障现象消失。

理论知识

3.2.1　电机控制器工作原理

吉利帝豪EV450轿车上，由动力蓄电池经由车载充电机传来的HV+与HV-两相高压直流电进入电机控制器后经过EMC滤波，再并联上滤波大电容后供给IGBT模组处。电机控制器内部的电流传感器实时监测与驱动电机之间的U、V、W三相交流高压电的电流值。低压电源输入接口为KL30与KL15。其与车载充电机之间连有互锁线。电机控制器内的DC/DC变换器经由KL30端子向蓄电池输出14V低压直流电，GND为其接地端子。电机控制器内的计算控制单元接收驱动电机传来的电机定子温度信号与电机转子位置（旋变）信号，判断电机当前工况，通过通信CAN线将信息传递给VCU，同时通过CAN线接收VCU传来的控制信号，控制驱动电机工作。电机控制器工作原理图如图3-2-1所示。

3.2.2　IGBT模块

IGBT（绝缘栅双极型晶体管）是一种功率开关电力电子元器件，功率开关器件主要有3种，分别是不可控器件——二极管、半控型器件——晶闸管、全控型器件——如IGBT。IGBT模块如图3-2-2所示。

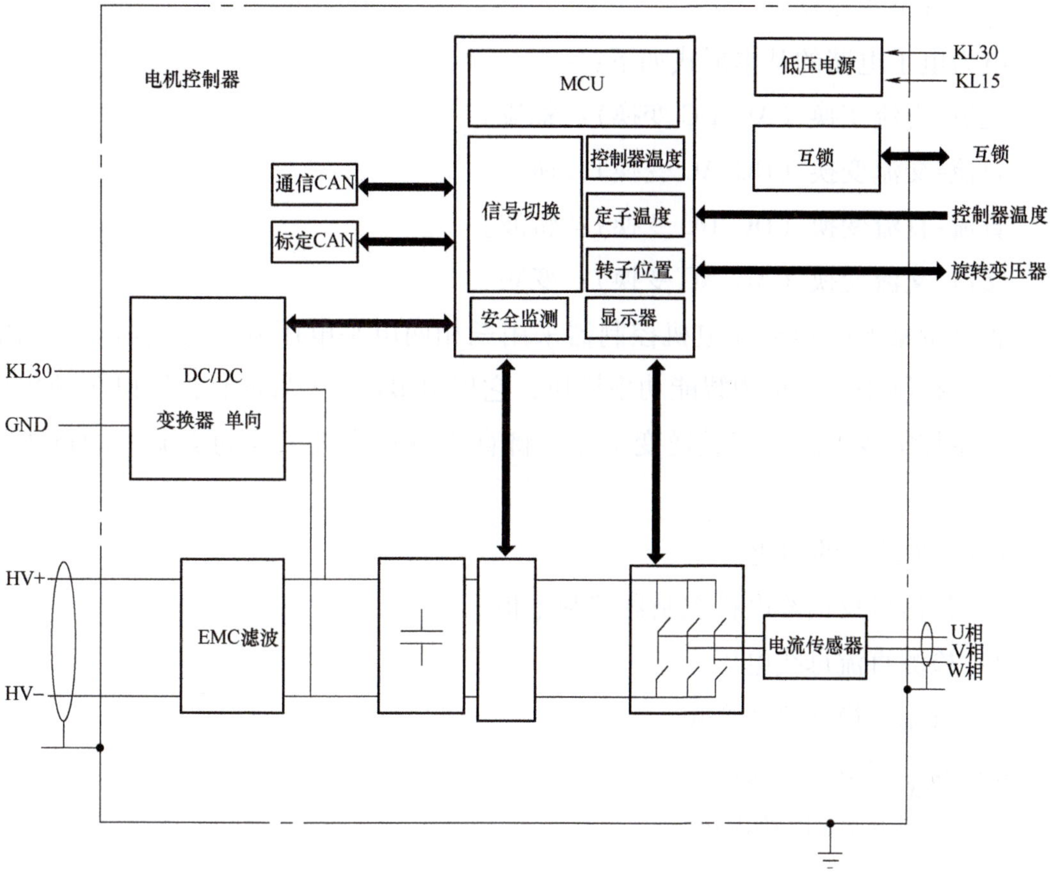

图 3-2-1 电机控制器工作原理图

图 3-2-2 IGBT 模块

1. IGBT 主要功能

电力电子电路的基本形式如下：

交流-直流变换（AC-DC 变换）：整流。

直流-交流变换（DC-AC 变换）：逆变。

直流-直流变换（DC-DC 变换）：斩波。

交流-交流变换（AC-AC 变换）：变频。

吉利帝豪 EV450 轿车电机控制器采用三相两电平电压源型逆变器。驱动电机系统的控制中心又称为智能功率模块，它以 IGBT 模块为核心，辅以驱动集成电路、主控集成电路来完成逆变工作。将直流电转换成可控的交流电的过程就称为逆变。

IGBT 驱动板的功能：

1）将信号反馈给电机控制器控制主板。

2）检测直流母线电压。

3）直流转换交流及变频。

4）监测相电流的大小。

5）监测 IGBT 模块温度。

6）三相整流。

IGBT 模块共有 6 个 IGBT，分别为 VT_1、VT_2、VT_3、VT_4、VT_5、VT_6。其工作过程就像一个晶体管，但它可以开关很大的电压和电流。IGBT 模块的工作原理如图 3-2-3 所示。图 3-2-3 中，VT_1 导通，来自 $U+$ 的电压通过 VT_1 来到 U 端，VT_6 同时导通，使得电流从 W 端经过 VT_6 回到 $U-$ 端，通过不断地轮流切换 6 个 IGBT，可以在 U、V、W 3 个端子间产生可控的交流电。

当 U、V、W 三相在初始位置时，U 相电压位于零点，没有电压，W 相电压位于正电位的高位，V 相电压位于负电位的低位，W 相与 V 相电压之间有较大的电位差，此时，第 3 组 IGBT 模块的第 1 个 IGBT 导通，来自高压直流的正极的电流从 W 相线圈流入，第 2 组 IGBT 模块的第 2 个 IGBT 导通，电流从 V 相线圈流出回到高压直流的负极，V 相和 W 相线圈产生相应的磁场，如图 3-2-4 所示。

当 V 相位于零电位时，U 相电压位于零点，没有电压，W 相电压位于正电位的高位，V 相电压位于负电位的低位，W 相与 V 相电压之间有较大的电位差，

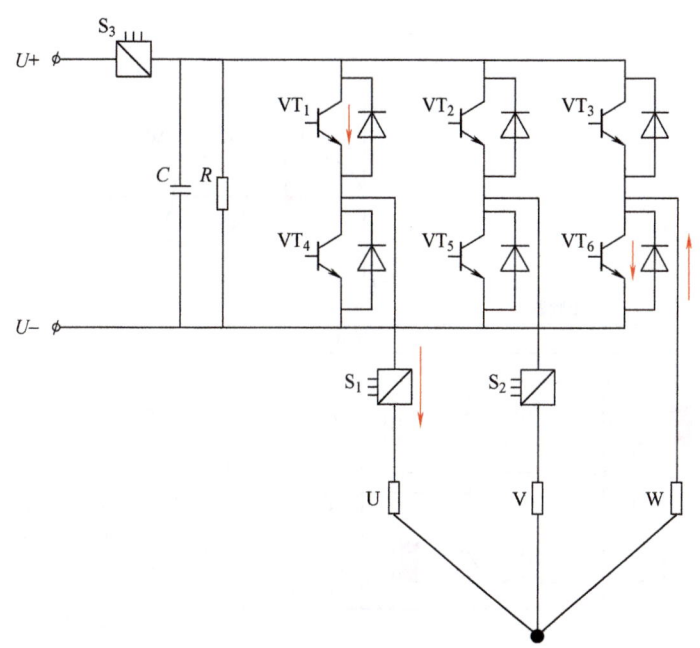

图 3-2-3 IGBT 模块的工作原理

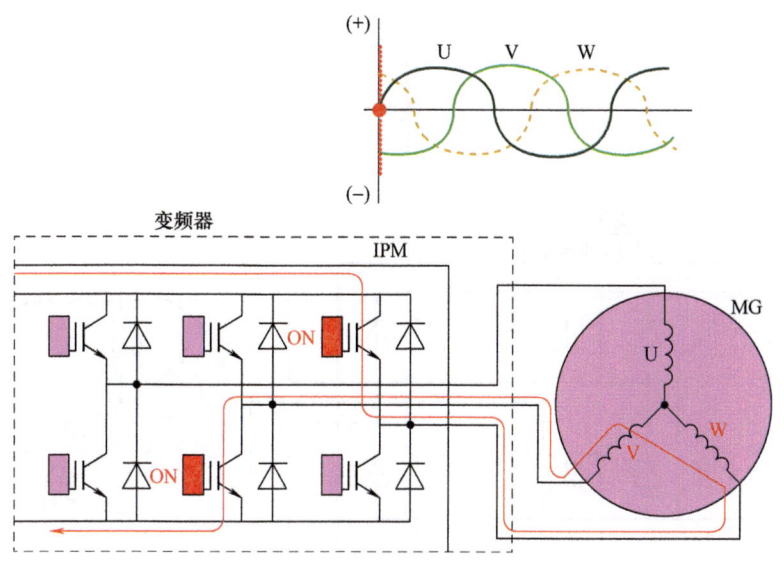

图 3-2-4 IGBT 工作原理（一）

此时，第 3 组 IGBT 模块的第 1 个 IGBT 导通，来自高压直流的正极的电流从 W 相线圈流入，第 2 组 IGBT 模块的第 2 个 IGBT 导通，电流从 V 相线圈流出回到高压直流的负极，V 相和 W 相线圈产生相应的磁场，如图 3-2-5 和图 3-2-6 所示。

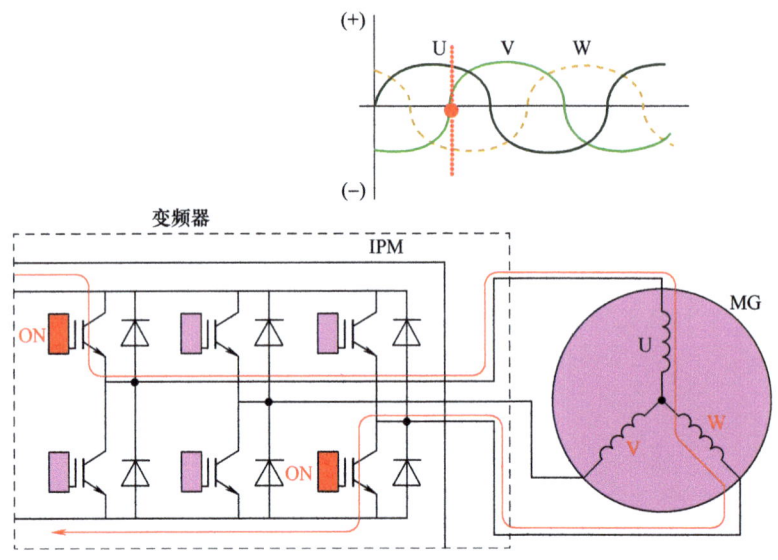

图 3-2-5 IGBT 工作原理（二）

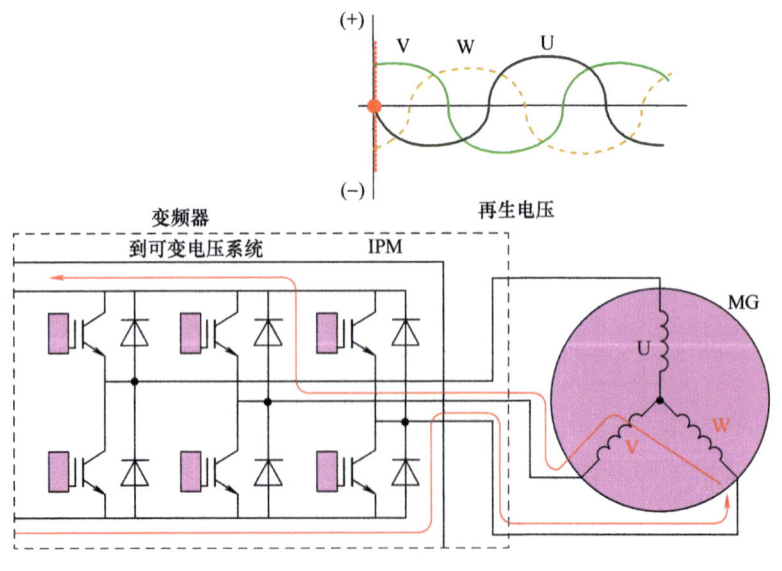

图 3-2-6 IGBT 工作原理（三）

2. 超级电容和放电电阻的功能

超级电容：接通高压电路时给电容充电，在电机起动时保持电压的稳定。

放电电阻：断开高压电路时，通过电阻给电容放电。

放电电路故障时，会报放电超时导致高压断电。

在电机控制器工作时，放电电阻会一直消耗电能。放电电路如图3-2-7所示。

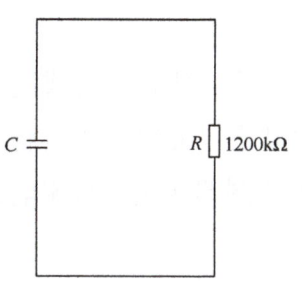

图 3-2-7　放电电路

3. 电机控制器工作条件

1）高压电源输入正常（绝缘性能大于20MΩ）。

2）低压12V电源供电正常（电压范围为9~16V）。

3）与VCU通信正常。

4）电容放电正常。

5）旋变传感器信号正常。

6）三相交流输出电路正常。

7）电机及电机控制器温度正常。

8）开盖保持开关信号正常。

4. 电机控制器驱动模式

VCU根据车辆运行的不同情况，包括车速、档位、电池SOC（电量）值，来决定电机输出转矩/功率。当电机控制器从VCU处得到转矩输出命令时，将动力蓄电池提供的直流电转化成三相正弦交流电，驱动电机输出转矩，通过机械传输来驱动车辆，如图3-2-8所示。

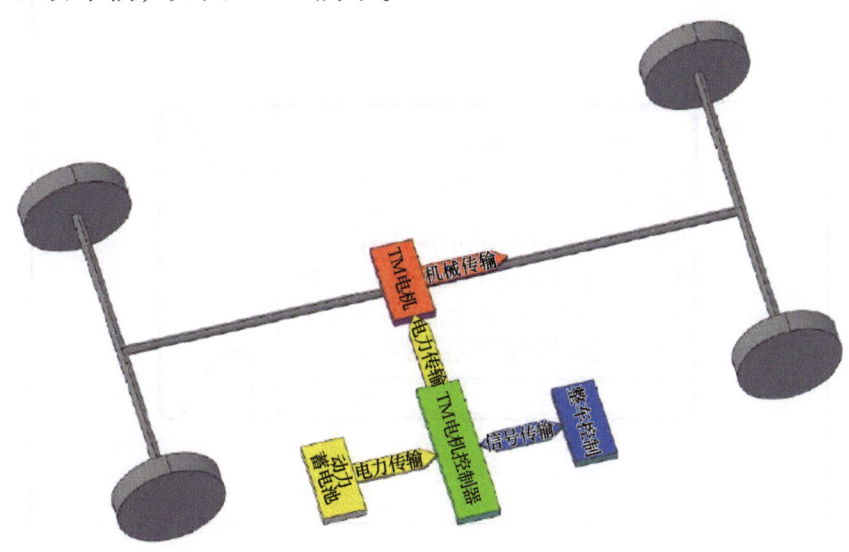

图 3-2-8　电机控制器驱动模式

5. 电机控制器发电模式

当车辆在滑行或制动时,电机控制器从 VCU 得到发电命令后将电机处于发电状态。此时电机会将车辆的动能转化成电能。然后,三相正弦交流电通过电机控制器转化为直流电,存储到蓄电池中,如图 3-2-9 所示。

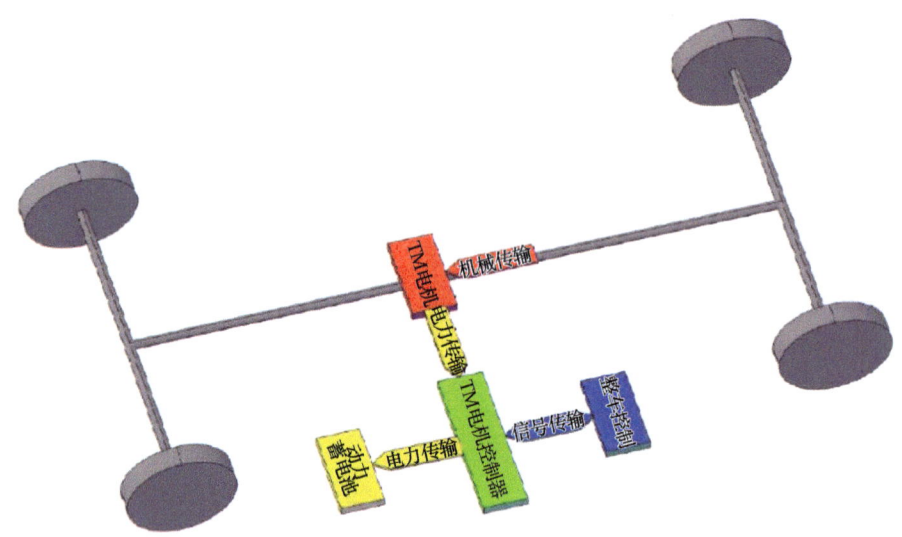

图 3-2-9 电机控制器发电模式

6. 电机控制器低压插件

低压插件是电机控制器对外通信的通道,为 28 针插件,端子排列如图 3-2-10 所示,端子定义见表 3-2-1。

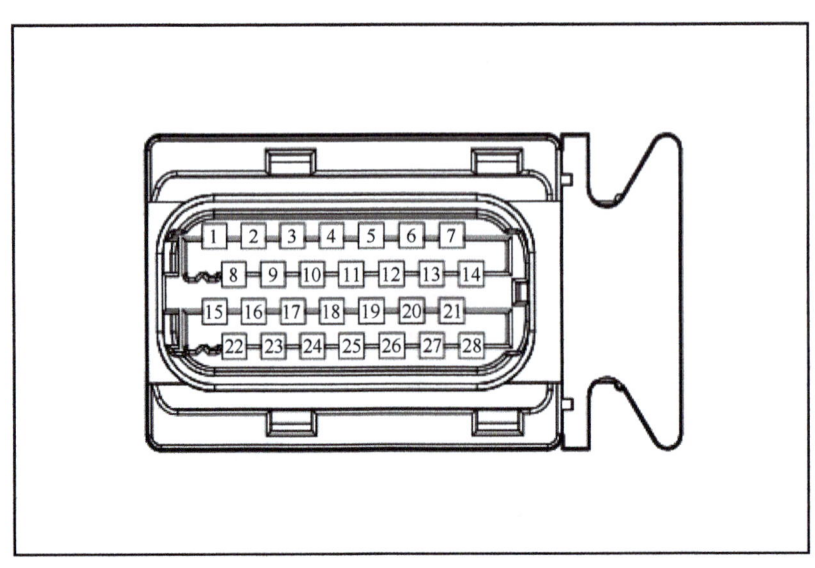

图 3-2-10 电机控制器低压插件端子

表 3-2-1 电机控制器低压插件端子定义

端子号	端子定义	端子号	端子定义
1	Interlock input +	15	AC puLg Templ GND
2	—	16	ResovLer COSLO
3	—	17	ResovLer SINLO
4	Interlock output +	18	—
5	Temperature sensor INPUT +	19	—
6	Temperature sensor GND	20	Communication CAN high
7	Temperature sensor INPUT +	21	Communication CAN low
8	—	22	ResovLer —EXC
9	—	23	ResovLer COSHI
10	ShieLding GND	24	ResovLer SINHI
11	GND	25	KL15
12	—	26	KL30
13	Temperature sensor GND	27	CaLibration CAN high
14	WAKEUP input	28	CaLibration CAN low

3.2.3 电机控制器低压供电回路故障检测

当出现表 3-2-2 所示的故障码时，应对电机控制器低压供电回路进行检测。

表 3-2-2 电机控制器低压供电回路故障码

故障码	说明
P056300	蓄电池过电压故障
P056200	蓄电池欠电压故障
P113600	低压端输出与蓄电池连接断开故障

吉利帝豪 EV450 轿车电机控制器低压供电回路电路图如图 3-2-11 所示。

在执行诊断步骤之前，观察故障诊断仪的数据列表，分析各项数据的准确性，有助于快速排除故障。

1）检查蓄电池电压。

① 操作启动开关使电源模式至 OFF 状态。

② 用万用表测量蓄电池电压，标准电压为 11～14V。

③ 测量值应符合标准，否则更换蓄电池或为蓄电池充电。

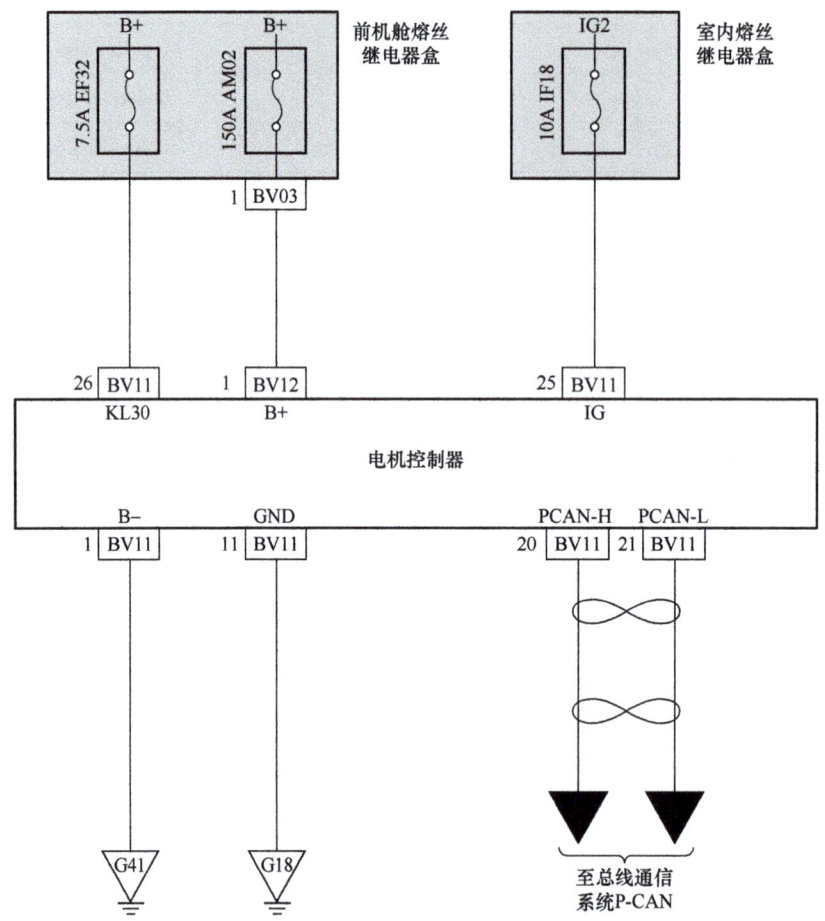

图 3-2-11　吉利帝豪 EV450 轿车电机控制器低压供电回路电路图

2）检查电机控制器熔丝 IF18、EF32 和蓄电池正极柱头熔丝是否熔断。熔丝位置如图 3-2-11 所示。

① 操作启动开关使电源模式至 OFF 状态。

② 拔下熔丝 EF32，检查熔丝是否熔断。熔丝额定容量为 7.5A。

③ 拔下熔丝 IF18，检查熔丝是否熔断。熔丝额定容量为 10A。

④ 拔下蓄电池正极柱头熔丝，检查熔丝是否熔断。熔丝额定容量为 150A。检修熔丝电路，更换额定容量熔丝。

3）检查电机控制器电源电压。

① 操作启动开关使电源模式至 OFF 状态。

② 断开电机控制器线束插接器 BV11，如图 3-2-12 所示。

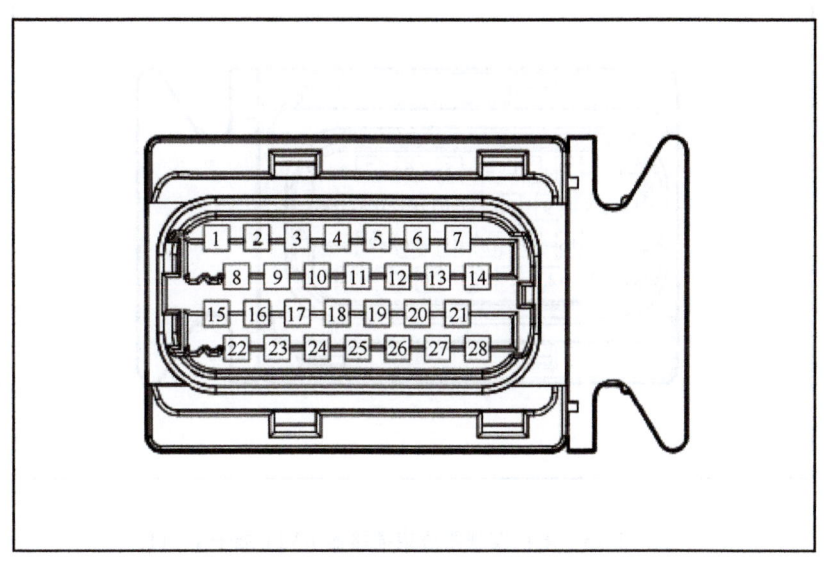

图 3-2-12　电机控制器线束插接器 BV11

③ 操作启动开关使电源模式至 ON 状态。

④ 用万用表测量电机控制器线束插接器 BV11 端子 25 和车身搭铁之间的电压值。标准电压为 11～14V。

⑤ 用万用表测量电机控制器线束插接器 BV11 端子 26 和车身搭铁之间的电压值。标准电压为 11～14V。

⑥ 测量值应符合标准，否则进行修理或更换线束。

4）检查电机控制器接地电阻。

① 操作启动开关使电源模式至 OFF 状态。

② 断开电机控制器线束插接器 BV11。

③ 用万用表测量电机控制器线束插接器 BV11 端子 1、11 和车身搭铁之间的电阻。线束插接器 BV11 端子 1、11 如图 3-2-13 所示。标准电阻：小于 1Ω。

④ 测量值应符合标准，否则修理或更换线束。

5）检测电机控制器与蓄电池之间的电阻

① 操作启动开关使电源模式至 OFF 状态。

② 断开蓄电池负极线束。

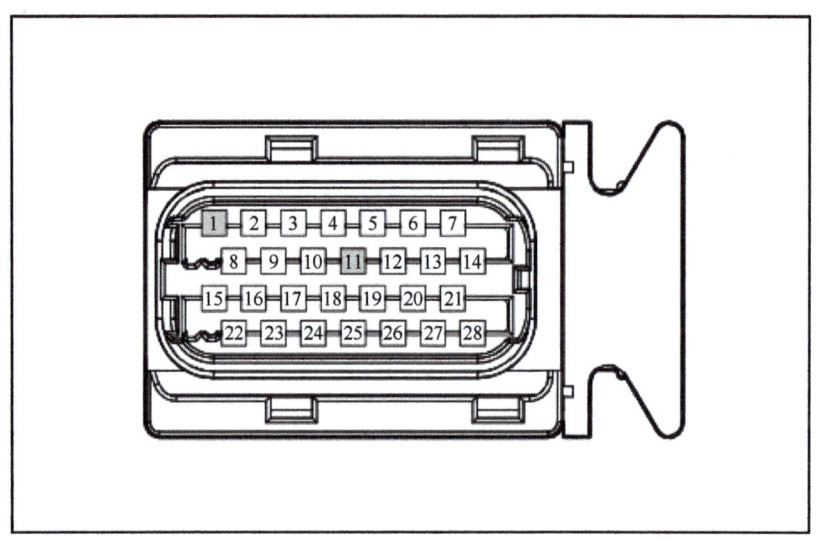

图 3-2-13　电机控制器线束插接器 BV11 端子 1、11

③ 断开电机控制器线束插接器 BV12。

④ 断开蓄电池正极线束。

⑤ 用万用表测量电机控制器线束插接器 BV12 端子 1 和蓄电池正极线束之间的电阻。线束插接器 BV12 端子 1 如图 3-2-14 所示。标准电阻：小于 1Ω。

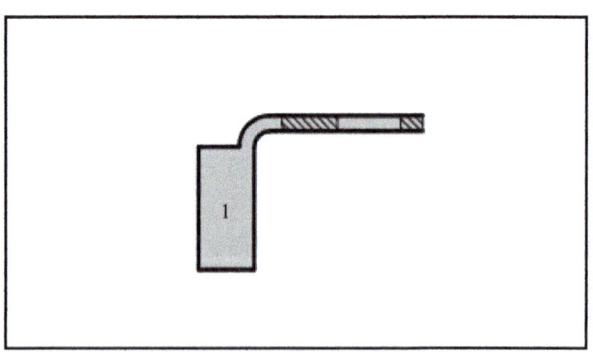

图 3-2-14　电机控制器线束插接器 BV12 端子 1

⑥ 测量值应符合标准，否则修理或更换线束。

6）更换电机控制器。

① 操作启动开关使电源模式至 OFF 状态。

② 断开蓄电池负极线束。

③ 断开车载充电机处直流母线。

④ 更换电机控制器。

⑤ 确认故障排除。

诊断过程结束。

3.2.4　电机控制器通信故障检测

用故障诊断仪进行检查时，若出现 CAN 通信相关故障码，应对电机控制器通信系统进行检测。电机控制器 CAN 通信相关电路如图 3-2-15 所示。

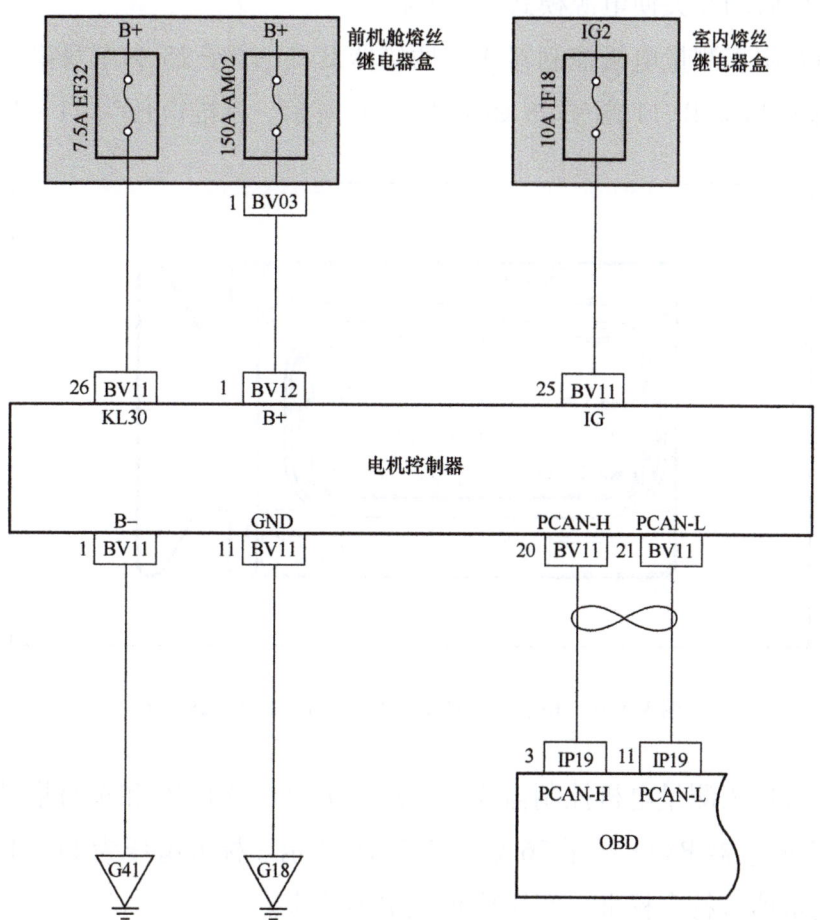

图 3-2-15　电机控制器 CAN 通信相关电路

在执行诊断步骤之前，观察故障诊断仪的数据列表，分析各项数据的准确性，有助于快速排除故障。

1. 使用故障诊断仪读取故障码

1）操作启动开关使电源模式至 OFF 状态。

2）连接故障诊断仪，读取系统故障码。

3）确认系统是否存在其他故障码。若有，则优先排除其他故障码指示故障。

2. 检查电机控制器电源电压

1）操作启动开关使电源模式至 OFF 状态。

2）断开电机控制器线束插接器 BV11。

3）操作启动开关使电源模式至 ON 状态。

4）用万用表测量电机控制器线束插接器 BV11 端子 25 和车身搭铁之间的电压值。线束插接器 BV11 端子 25 如图 3-2-16 所示。标准电压为 11~14V。

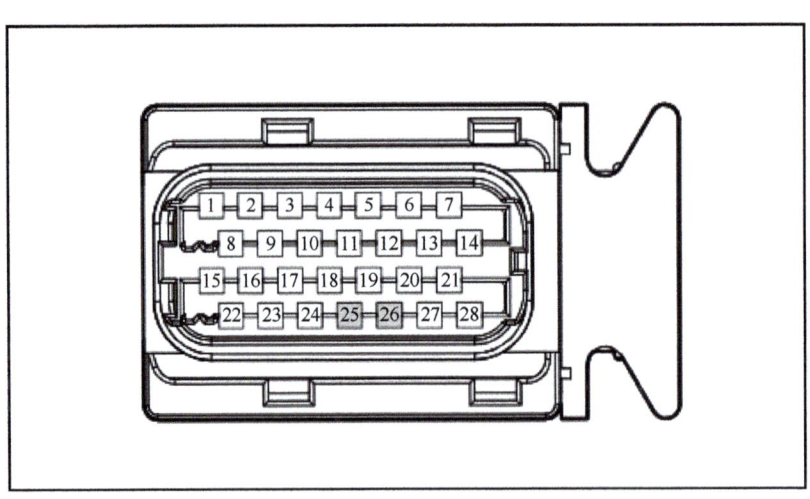

图 3-2-16　电机控制器线束插接器 BV11 端子 25、26

5）用万用表测量电机控制器线束插接器 BV11 端子 26 和车身搭铁之间的电压值。线束插接器 BV11 端子 26 如图 3-2-16 所示。标准电压为 11~14V。

6）测量值应符合标准，否则修理或更换线束。

3. 检查电机控制器接地线束

1）操作启动开关使电源模式至 OFF 状态。

2）断开电机控制器线束插接器 BV11。

3）用万用表测量电机控制器线束插接器 BV11 端子 1、11 和车身搭铁之间的接地电阻。标准电阻：小于1Ω。

4）测量值应符合标准，否则修理或更换线束。

4. 检查电机控制器的通信电路

1）操作启动开关使电源模式至OFF状态。

2）断开电机控制器线束插接器BV11。

3）用万用表测量电机控制器线束插接器BV11端子21和诊断接口IP19端子11之间的电阻。线束插接器BV11端子21如图3-2-17所示。标准电阻：小于1Ω。

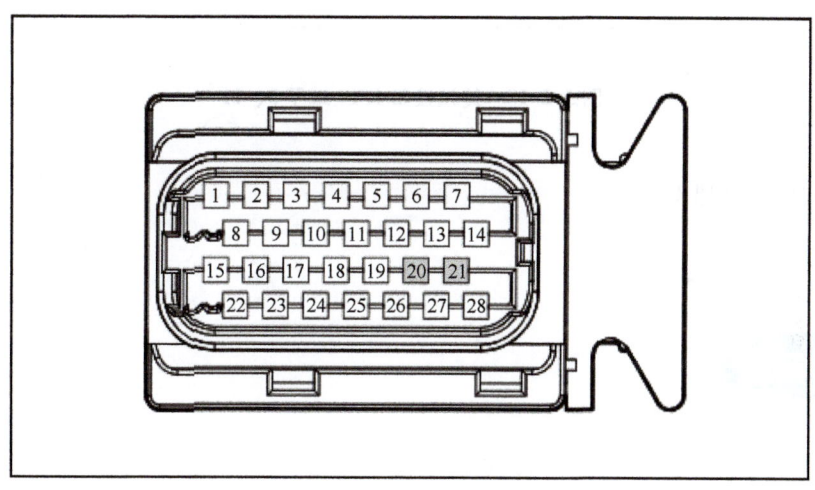

图3-2-17　电机控制器线束插接器BV11端子20、21

4）测量值应符合标准，否则修理或更换线束。

5. 进行P-CAN网络完整性检查

1）操作启动开关使电源模式至OFF状态。

2）用万用表测量终端接口IP19端子3和端子11之间的电阻值。终端接口IP19端子3、11如图3-2-18所示。标准电阻为55~67.5Ω。

3）测量值应符合标准，否则优先排除P-CAN网络不完整故障。

6. 更换电机控制器

1）操作启动开关使电源模式至OFF状态。

2）断开蓄电池负极线束。

3）更换电机控制器。

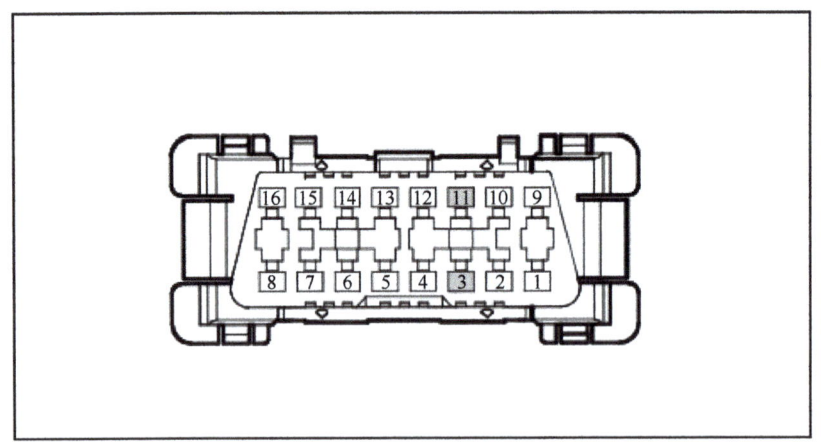

图 3-2-18　终端接口 IP19 端子 3、11

4）确认故障排除。

诊断过程结束。

3.2.5　电机过温故障诊断

驱动电机系统过温会导致电机转矩、转速下降，车辆只能以跛行模式行驶，仪表台过温报警，若驱动电机温度持续过高，电机控制器会切断动力。

当出现表 3-2-3 所示的故障码时，应对电机控制器温控电路系统进行检测。

表 3-2-3　驱动电机系统过温故障码

故障码	说　明
P0A9300	冷却液过温故障
P0A2C00	定子温度最大值超过阈值
P0A2D00	定子温度最小值小于阈值

吉利帝豪 EV450 轿车电机温控系统电路如图 3-2-19 所示。

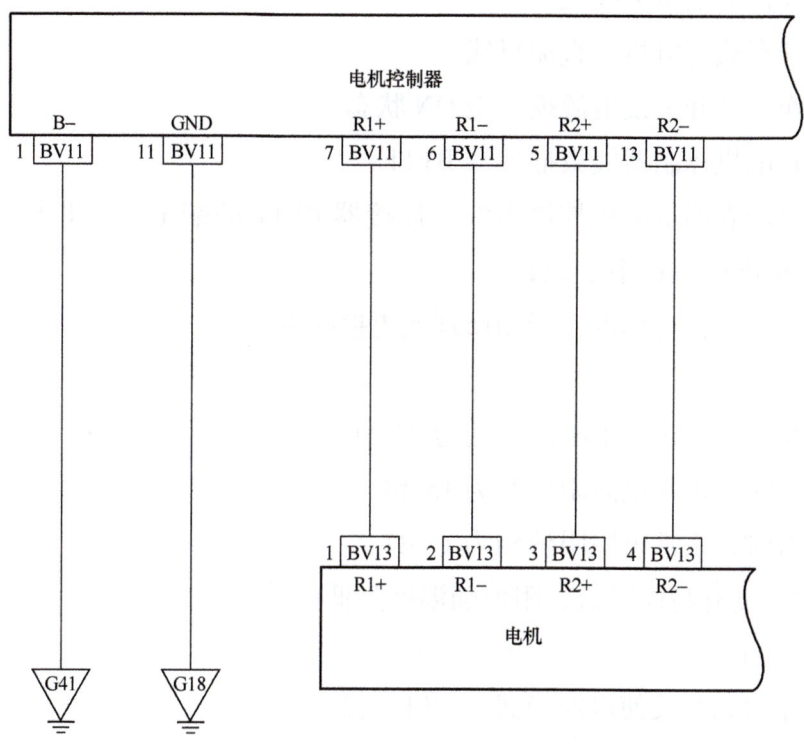

图 3-2-19 吉利帝豪 EV450 轿车电机温控系统电路

1. 使用故障诊断仪读取故障码

1）操作启动开关使电源模式至 ON 状态。

2）连接故障诊断仪，读取系统故障码。

3）确认系统是否存在其他故障码。若有，则优先排除其他故障码指示故障。

2. 检查冷却液是否充足

1）打开机舱盖。

2）检查管路有无弯曲、折叠和漏水现象。

3）确认膨胀罐中的冷却液液位是否正常。若不足，则添加冷却液。

3. 检查电动水泵是否正常

1）操作启动开关使电源模式至 ON 状态。

2）确认电动水泵是否正常工作。优先排除冷却系统故障。

4. 检测驱动电机信号屏蔽电路

1）操作启动开关使电源模式至 OFF 状态。

2）断开蓄电池负极线束。

3）断开车载充电机处直流母线。

4）操作启动开关使电源模式至 ON 状态。

5）断开电机控制器线束插接器 BV11。

6）用万用表测量电机控制器线束插接器 BV11 的端子Ⅰ、Ⅱ与车身搭铁之间的电阻。标准电阻：小于 1Ω。

7）测量值应符合标准，否则修理或更换线束。

5. 检查电机温度传感器 1、温度传感器 2 自身的阻值

1）-40℃时，正常电阻阻值约为 241Ω。

2）20℃时，正常电阻阻值约为 13.6Ω。

3）85℃时，正常电阻阻值约为 1.6Ω。

阻值随温度升高而降低，阻值随温度降低而升高。

6. 检查电机温度传感器 1 信号电路

1）操作启动开关使电源模式至 OFF 状态。

2）断开蓄电池负极线束。

3）操作启动开关使电源模式至 ON 状态。

4）断开电机控制器线束插接器 BV13。

5）断开电机控制器线束插接器 BV11。

6）用万用表按表 3-2-4 进行测量。测量位置如图 3-2-20 和图 3-2-21 所示。

表 3-2-4　电机温度传感器 1 各端子测量值

测量位置 A	测量位置 B	测量标准值
BV13-1	BV11-7	标准电阻：
BV13-2	BV11-6	小于 1Ω
BV13-1	BV13-2	标准电阻：
BV13-1	车身搭铁	10kΩ 或更高
BV13-2	车身搭铁	
BV13-1	车身搭铁	标准电压：0V
BV13-2	车身搭铁	

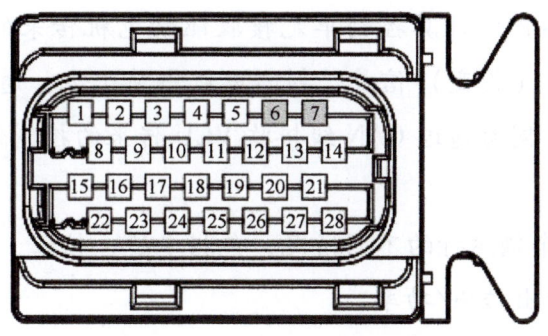

图 3-2-20　BV11 相关测量位置

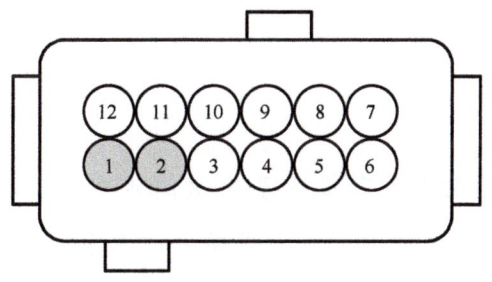

图 3-2-21　BV13 相关测量位置

7）测量值应符合标准，否则更换驱动电机。

7. 检查电机温度传感器 2 信号电路

方法如同检测电机温度传感器 1。

8. 更换电机控制器

1）操作启动开关使电源模式至 OFF 状态。

2）断开蓄电池负极线束。

3）更换电机控制器。

4）确认故障排除。

诊断过程结束。

学习小结

1. 电机控制器内部的电流传感器实时监测与驱动电机之间的 U、V、W 三相交流高压电的电流值。

2. 电机控制器内的计算控制单元接收驱动电机传来的电机定子温度信号与电机转子位置（旋变）信号，判断电机当前工况，通过通信 CAN 线将信息传递给 VCU，同时通过 CAN 线接收 VCU 传来的控制信号，控制驱动电机工作。

3. VCU 根据车辆运行的不同情况，包括车速、档位、电池 SOC（电量）值，来决定电机输出转矩/功率。

学习单元 3.3　冷却系统认知与检测

情境导入

一辆吉利帝豪 EV450 轿车装备了永磁同步电机，车辆仪表显示电动水泵故障。经检查，电动水泵不工作，更换电动水泵后，上述故障现象消失。

理论知识

3.3.1　电机及控制器冷却系统的概述

驱动电机、电机控制器在工作中由于不能将电能全部转化为机械能，会产生一部分热，天气炎热时需要对其进行强制散热。电动汽车一般采用的方法是水冷，即在电机控制器与驱动电机中布置冷却水道，由电动水泵驱动冷却液使之循环，将热量带到散热器进行散热。该冷却系统的状态形式与传统汽车的发动机冷却系统类似，如图 3-3-1 所示，吉利帝豪 EV450 轿车动力总成部分冷却系统包括电机控制器、车载充电机、驱动电机、电动水泵、膨胀罐、散热器、散热器风扇、VCU 及相关管路等。

3.3.2　吉利帝豪 EV450 轿车动力总成冷却系统的工作原理

1. 电动水泵

吉利帝豪 EV450 轿车冷却系统（动力总成/蓄电池）有两个电动水泵，动

学习情境 3　电机控制系统拆装与检测

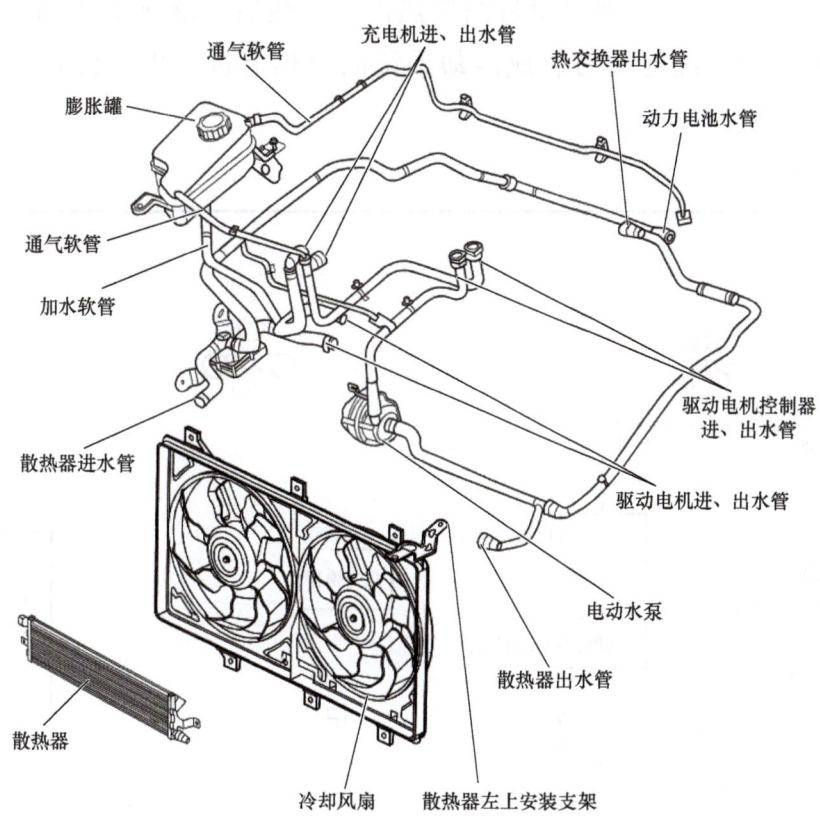

图 3-3-1　吉利帝豪 EV450 轿车动力总成冷却系统

力总成水泵的参数见表 3-3-1。

表 3-3-1　吉利帝豪 EV450 轿车动力总成电动水泵参数

项　目	参　数
工作电压范围/V	8～16.5
流量（10kPa 水压）/(L/h)	1100
流量（14kPa 水压）/(L/h)	900
流量（20kPa 水压）/(L/h)	600
环境温度/℃	-40～135
调速方式	PWMLIN 信号

电动水泵由低压电路驱动，为冷却液的循环提供压力。在电动水泵的驱动下，冷却液在管路中的流向如图 3-3-2 所示。经过散热器冷却后的冷却液在电动水泵的驱动下，先流经电机控制器，经过车载充电机，再进入驱动电机内的

91

水道，通过 WV2 三通阀把热量带回散热器，散热后，继续上述循环。动力蓄电池系统的冷却系统与动力总成冷却系统的散热器进、出口位置通过三通阀连通。

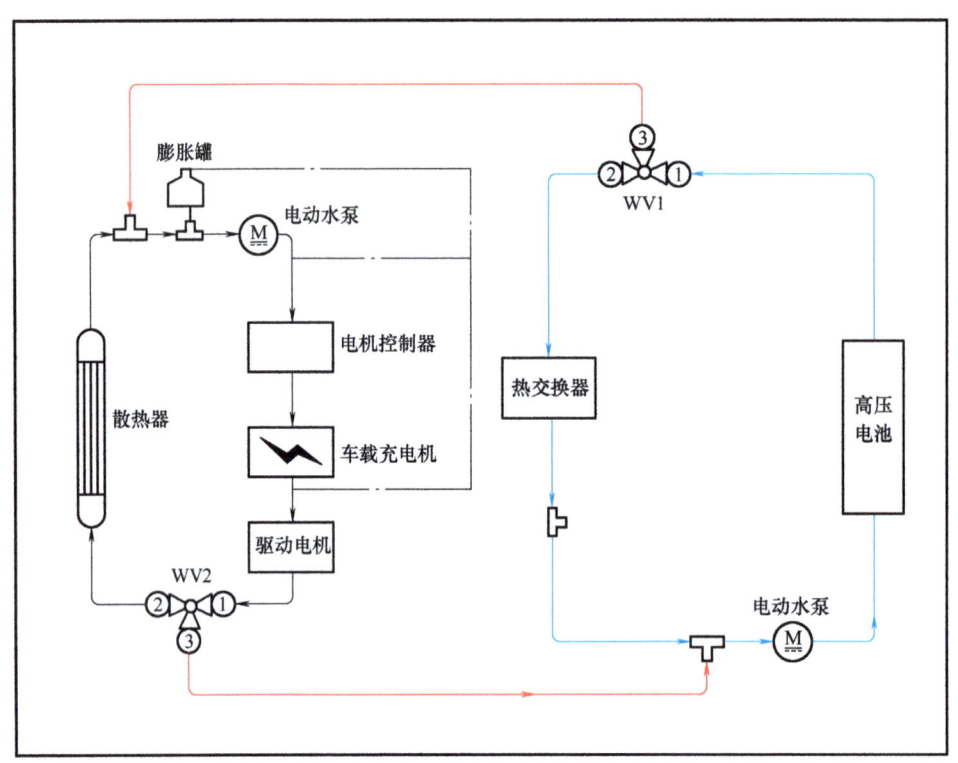

图 3-3-2　吉利帝豪 EV450 轿车冷却系统循环图

2. 膨胀罐

膨胀罐是一个透明塑料罐，类似于前风窗玻璃清洗剂罐。膨胀罐通过水管与散热器连接。随着冷却液的温度逐渐升高并膨胀，部分冷却液因膨胀而从车载充电机中流入膨胀罐，散热器和液道中滞留的空气也被排入膨胀罐。

车辆停止后，冷却液自动冷却并收缩，先前排出的冷却液被吸回散热器。因而，使散热器中的冷却液一直保持在合适的液面，并提高冷却效率。

当冷却系统处于冷态时，冷却液面应保持在膨胀罐上的 L（最低）和 F（最高）标记之间。膨胀罐在车上的位置如图 3-3-3 所示。

3. 冷却风扇

冷却风扇安装在机舱内散热器后部，它可增加散热器和空调冷凝器的通风

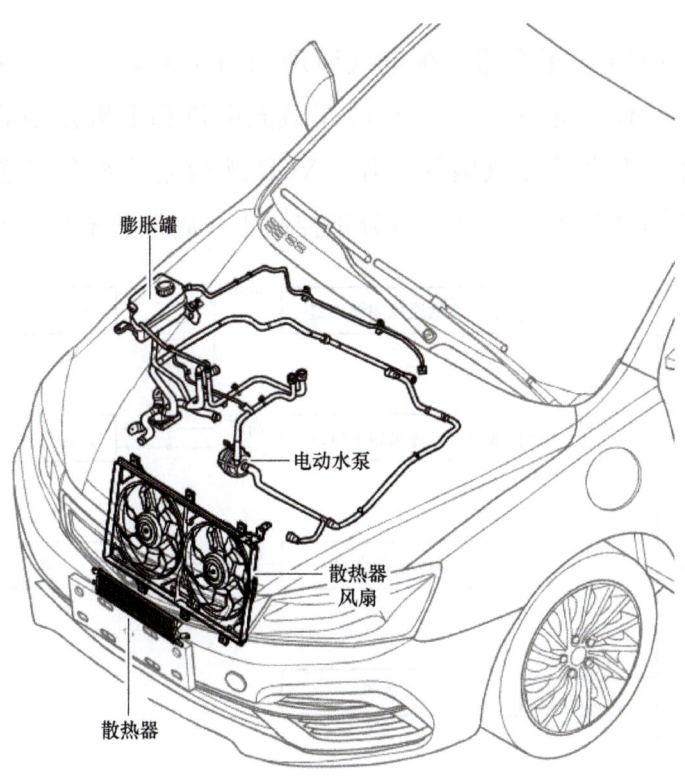

图 3-3-3　膨胀罐在车上的位置

量,有助于加快车辆低速行驶时的冷却速度。风扇采用双风扇、高低速的控制模式,通过两个不同的电极驱动扇叶。冷却风扇由 VCU 利用冷却风扇低速继电器和冷却风扇高速继电器直接控制。在低速电路中,采用串联调速电阻的方式来改变风扇的转速。

注意:即使在车辆运行时,机舱下的冷却风扇也会启动而伤手,应保持手、衣服和工具远离机舱下的电动风扇。如果风扇叶片有任何程度的弯曲或损坏,不应修理或重复使用损坏的部件,必须更换弯曲或损坏的风扇叶片。损坏的风扇叶片不能保证正常的平衡,如果继续使用可能会出现故障和飞脱,这种情况非常危险。

4. 冷却液

吉利帝豪 EV450 轿车采用的冷却液为符合 SH0521 要求的电机用乙二醇型电机冷却液,冰点低于 -40℃,禁止使用普通清水。电机冷却液不能混用,冷却液加注量为 7L。该车冷却系统采用的冷却液与空调系统采用的暖风冷却液材质相同。

5. 吉利帝豪 EV450 轿车冷却系统电气原理

吉利帝豪 EV450 轿车冷却系统电气原理如图 3-3-4 所示。VCU 在冷却系统控制中处于中枢地位，通过 CAN 线接收车载充电机和电机控制器传来的温度信号，控制电动水泵和散热器风扇的工作。VCU 既给电动水泵发送控制信号，又通过电动水泵继电器给水泵供电，可分别控制主、副散热器风扇单独工作。

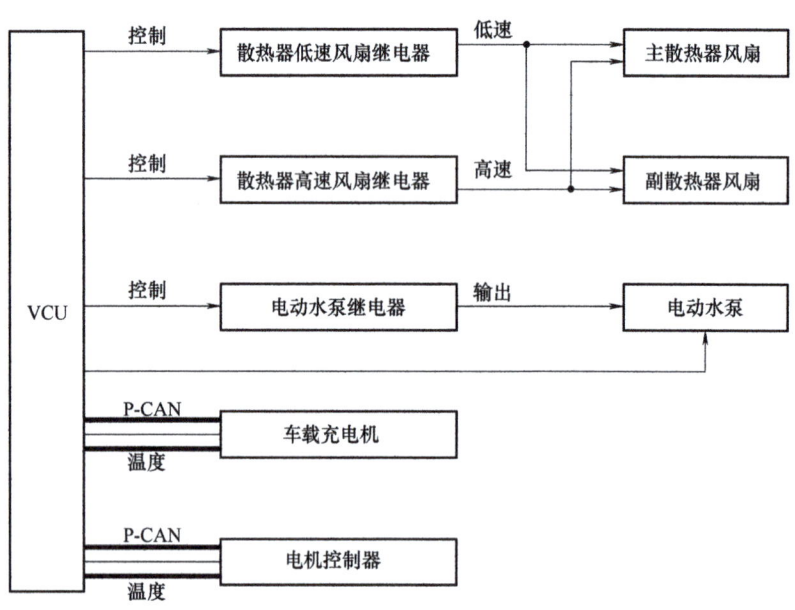

图 3-3-4　吉利帝豪 EV450 轿车冷却系统电气原理

6. 冷却系统端子定义

冷却风扇线束插接器端子如图 3-3-5 所示。

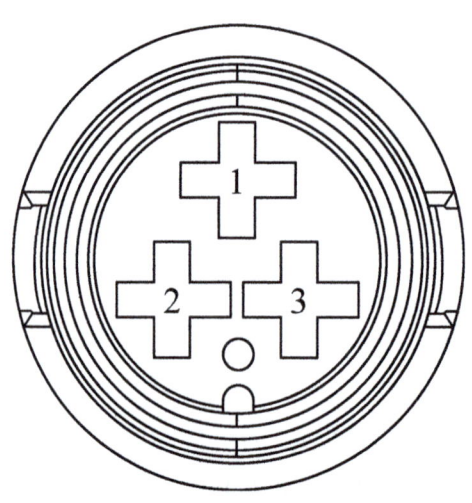

图 3-3-5　冷却风扇线束插接器端子

1—高速风扇电源信号　2—低速风扇电源信号　3—接地

3.3.3 电动水泵不工作的检测方法

电动水泵不工作检测相关电路图如图 3-3-6 所示。

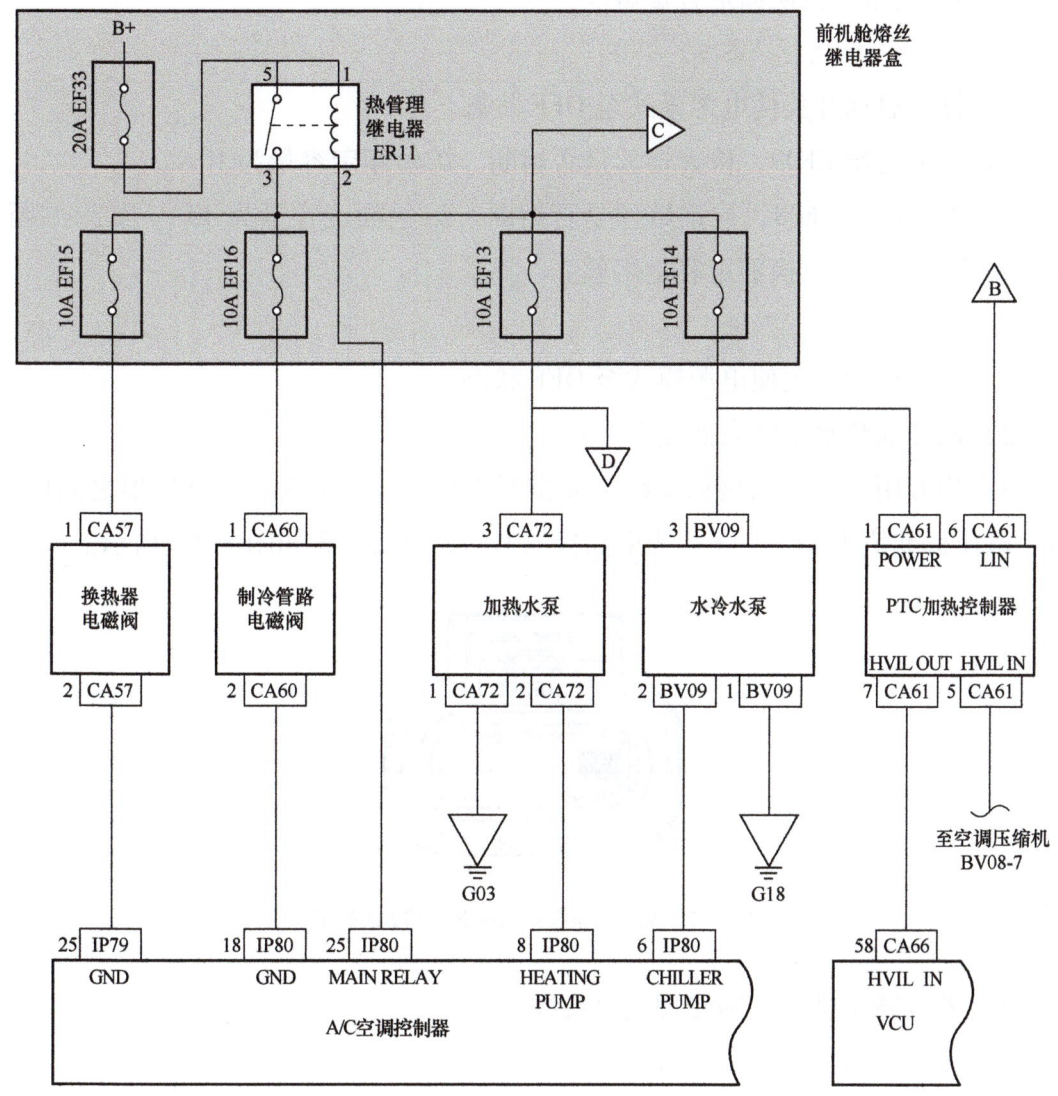

图 3-3-6 电动水泵不工作检测相关电路

1. 使用故障诊断仪读取故障码

1）操作启动开关使电源模式至 ON 状态。

2）连接故障诊断仪，读取系统故障码。

3）确认系统是否存在故障码。优先排除故障码提示故障。

2. 检查 VCU 熔丝 EF03

1）操作启动开关使电源模式至 ON 状态。

2）拔下熔丝 EF13，检查熔丝是否熔断。熔丝额定容量为 10A。如果熔断，则检修熔丝电路，更换额定容量熔丝。

3. 检查 VCU 熔丝 EF09、SF08

1）操作启动开关使电源模式至 OFF 状态。

2）拔下熔丝 EF09，检查熔丝是否熔断。熔丝额定容量为 10A。

3）拔下熔丝 SF08，检查熔丝是否熔断。熔丝额定容量为 40A。如果熔断，则检修熔丝电路，更换额定容量熔丝。

4. 检查加热水泵电源

1）操作启动开关使电源模式至 OFF 状态。

2）断开加热水泵线束插接器 CA72。

3）用万用表测量加热水泵线束插接器 CA72 的端子 3 与可靠接地之间的电压。电压标准值为 11～14V。线束插接器 CA72 的端子 3 如图 3-3-7 所示。

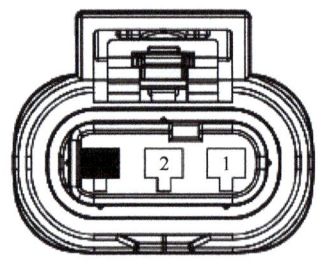

图 3-3-7 加热水泵线束插接器 CA72 的端子 3

4）若故障未排除，则修理或更换线束。

5. 检查加热水泵接地之间的电压

1）操作启动开关使电源模式至 OFF 状态。

2）断开加热水泵线束插接器 CA72。

3）操作启动开关使电源模式至 ON 状态。

4）用万用表测量加热水泵线束插接器 CA72 的端子 1 与可靠接地之间的电阻。电阻标准值：小于 1Ω。线束插接器 CA72 的端子 1 如图 3-3-8 所示。

5）若故障未排除，则修理或更换线束。

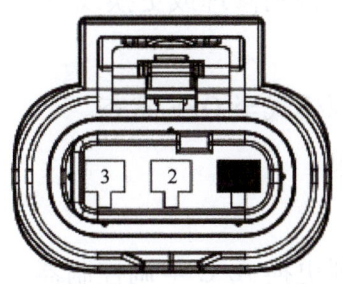

图 3-3-8　加热水泵线束插接器 CA72 的端子 1

6. 检查电动水泵控制电路

1）操作启动开关使电源模式至 OFF 状态。

2）断开加热水泵线束插接器 CA72。

3）断开 A/C 空调控制器线束插接器 IP80。

4）操作启动开关使电源模式至 ON 状态。

5）用万用表测量 VCU 线束插接器 CA72 的端子 2 与 A/C 空调控制器线束插接器 IP80 的端子 8 之间的电压。电压标准值为 11～14V。检测部位如图 3-3-9 和图 3-3-10 所示。

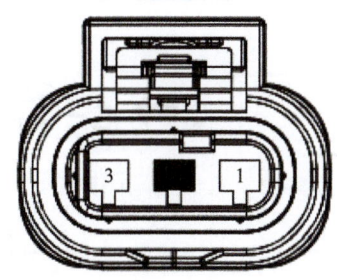

图 3-3-9　线束插接器 CA72 的端子 2

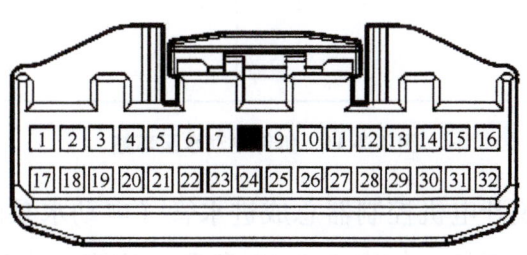

图 3-3-10　线束插接器 IP80 的端子 8

6）测量值应符合标准，否则修理或更换线束。

7. 更换加热水泵

1）操作启动开关使电源模式至 OFF 状态。

2）断开蓄电池负极线束。

3）更换电动水泵。

4）若故障未排除，否则更换 A/C 空调控制器。

检测诊断过程结束。

驱动电机水道气密性检查

3.3.4 电动水泵的更换

1. 拆卸电动水泵

1）断开电动水泵线束插接器。

2）拆卸环箍，脱开散热器出水管（电动水泵侧），如图 3-3-11 所示。

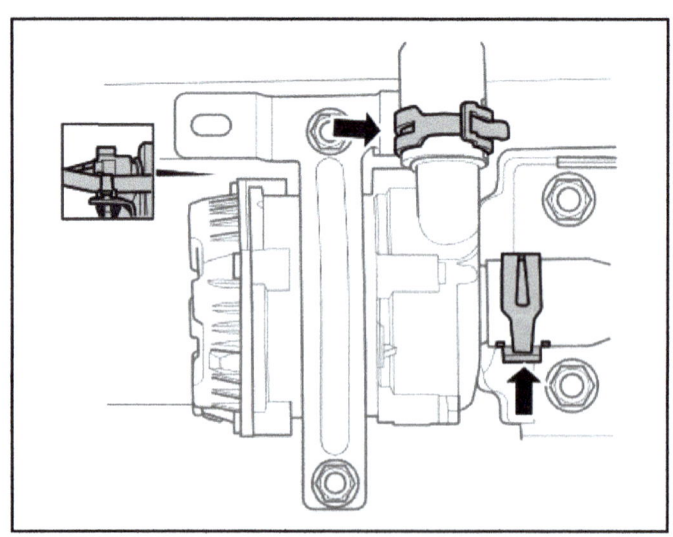

图 3-3-11　拆卸电动水泵环箍

3）拆卸环箍，脱开电机控制器总成进水管（电动水泵侧）。

4）拆卸电动水泵螺栓，如图 3-3-12 所示。注意：水管脱开前应在车辆底部放置容器，接住冷却液，以免污染地面。

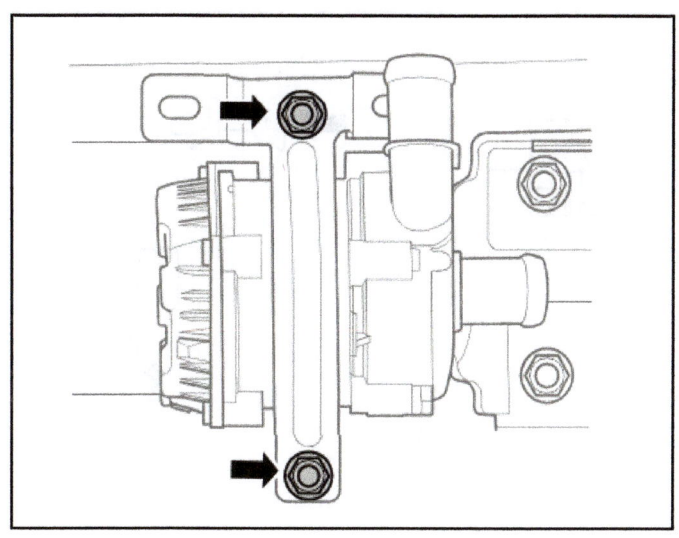

图 3-3-12　拆卸电动水泵螺栓

2. 安装电动水泵

1）放置电动水泵，安装电动水泵螺栓，紧固力矩为 9N·m，如图 3-3-13 所示。

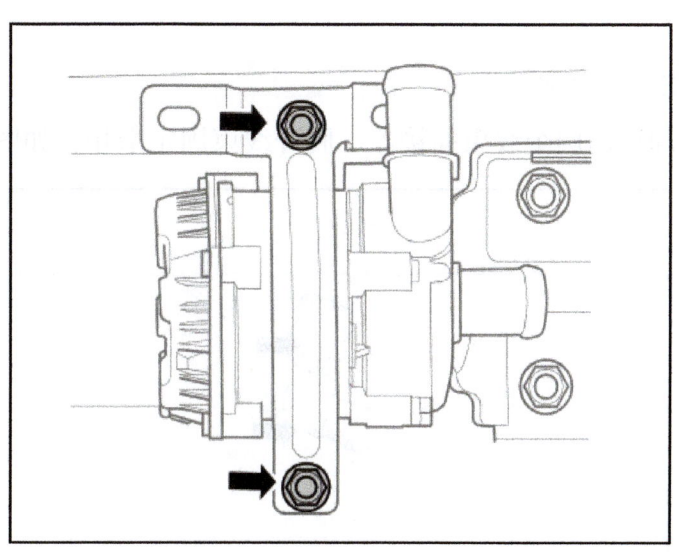

图 3-3-13　安装电动水泵螺栓

2）安装电动水泵线束插接器，注意插接时"一插、二响、三确认"。

3）安装环箍，安装散热器出水管（电动水泵侧），如图 3-3-14 所示。

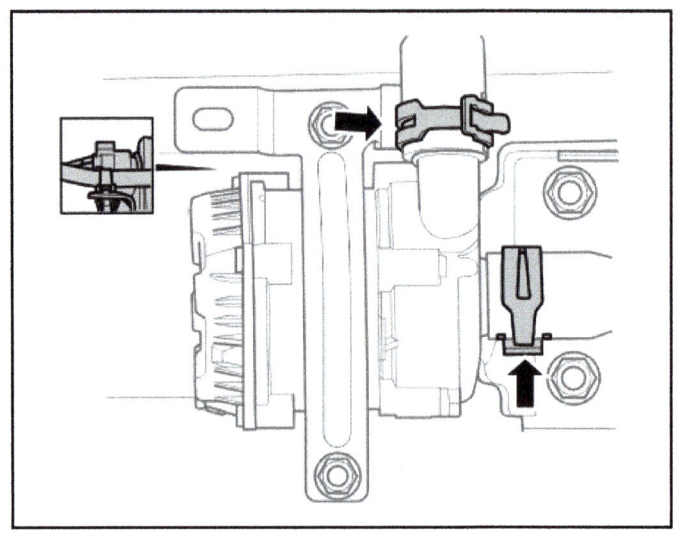

图 3-3-14 安装电动水泵环箍

4）安装环箍，安装电机控制器进水管（电动水泵侧）。注意环箍装配位置应该与管路标识线对齐。

3.3.5 冷却风扇总成的更换

1. 拆卸冷却风扇总成

1）断开冷却风扇两个线束插接器，脱开线束固定卡扣，如图 3-3-15 所示。

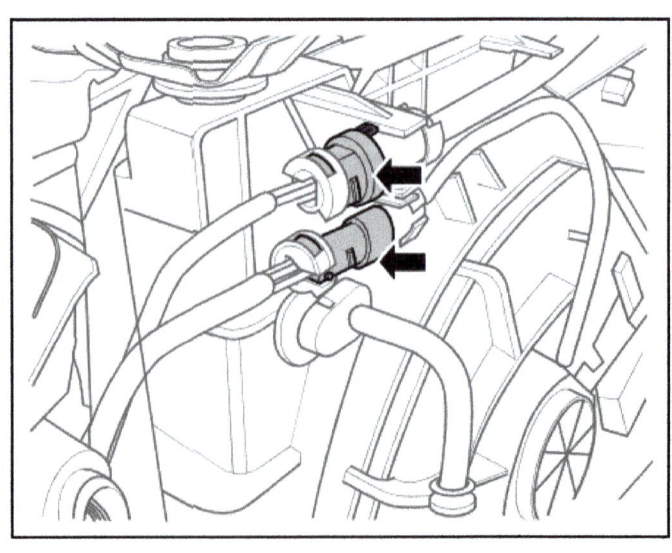

图 3-3-15 断开冷却风扇两个线束插接器

2）拆卸冷却风扇固定螺栓，脱开高压线束卡扣，如图3-3-16所示。

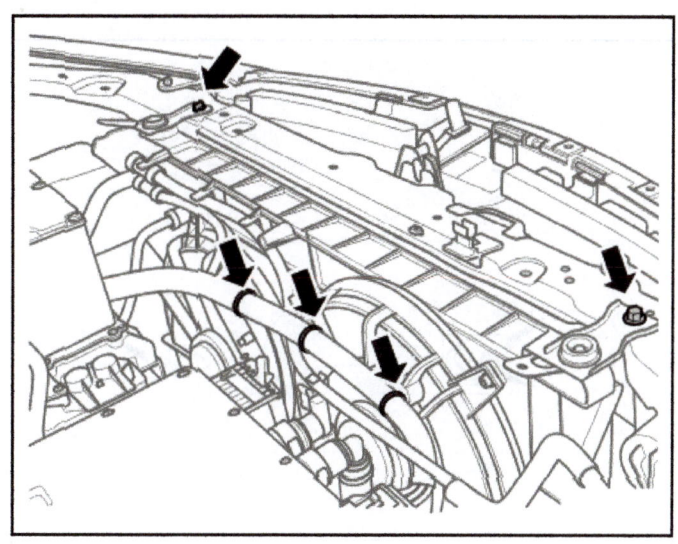

图3-3-16　拆卸冷却风扇高压线束卡扣

3）拆卸冷却风扇固定螺栓，如图3-3-17所示。

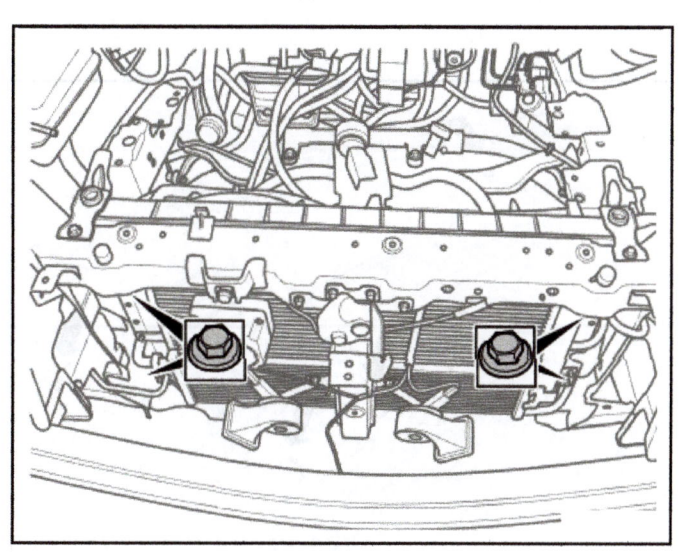

图3-3-17　拆卸冷却风扇固定螺栓

4）向上取出冷却风扇。

2. 安装冷却风扇总成

1）放置冷却风扇，向下插出冷却风扇下定位脚。

2）紧固冷却风扇固定螺栓，紧固力矩为9N·m，如图3-3-18所示。

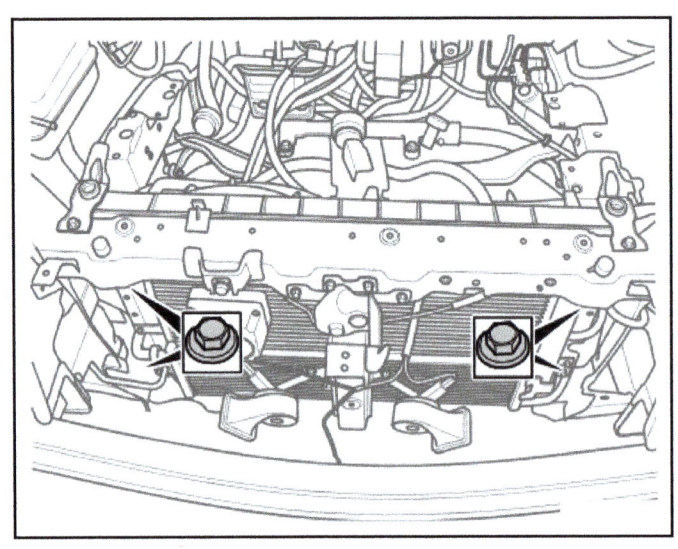

图3-3-18　紧固冷却风扇固定螺栓

3）安装高压线束卡扣，如图3-3-19所示。

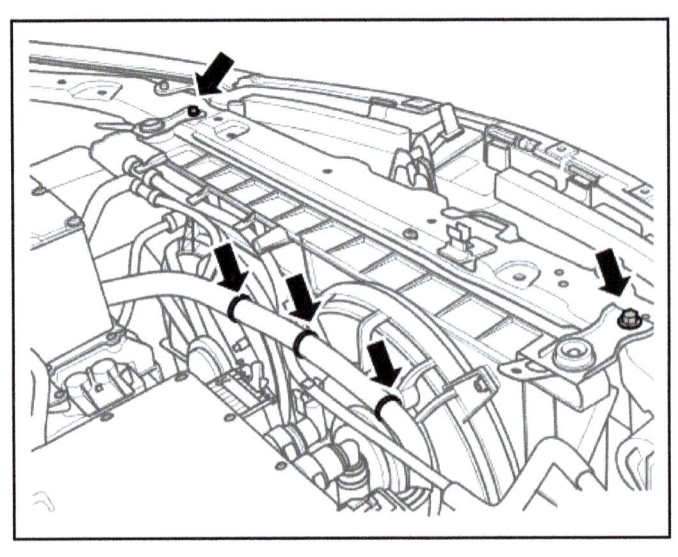

图3-3-19　安装高压线束卡扣

4）连接冷却风扇线束插接器，固定线束固定卡扣，如图3-3-20所示。

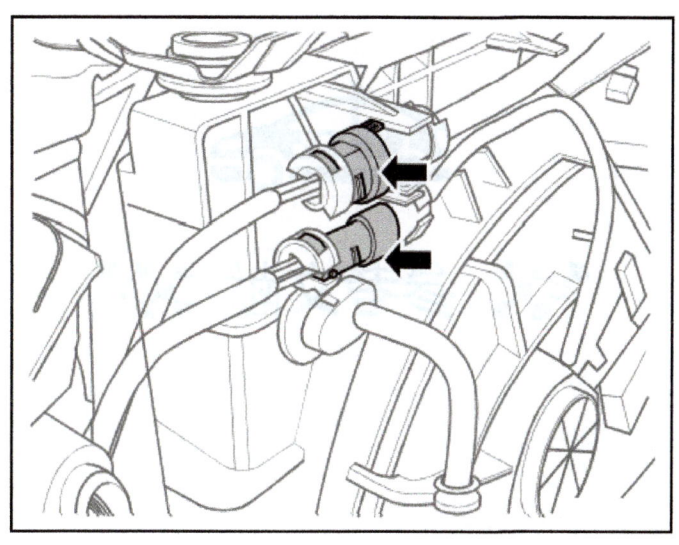

图 3-3-20　连接冷却风扇线束插接器

> ### ⚠ 学习小结
>
> 1. 吉利帝豪 EV450 轿车动力总成部分冷却系统包括电机控制器、车载充电机、驱动电机、电动水泵、膨胀罐、散热器、散热器风扇、VCU 及相关管路等。
>
> 2. 经过散热器冷却后的冷却液在电动水泵驱动下,先流经电机控制器,经过车载充电机,再进入驱动电机内的水道,通过 WV2 三通阀把热量带回散热器,散热后,继续上述循环。
>
> 3. VCU 在冷却系统控制中处于中枢地位,通过 CAN 线接收车载充电机和电机控制器传来的温度信号,控制电动水泵和散热器风扇的工作。

参考文献

[1] 周毅. 纯电动汽车电机及传动系统拆装与检测[M]. 北京：机械工业出版社，2018.

[2] 王震坡，孙逢春，刘鹏. 电动汽车原理与应用技术[M]. 2版. 北京：机械工业出版社，2016.

[3] 袁登科，徐延东，李秀清. 永磁同步电动机变频调速系统及其控制[M]. 北京：机械工业出版社，2015.

[4] Ali Emadi. 汽车电力电子装置与电机驱动器手册[M]. 孙力，田光宇，等译. 北京：机械工业出版社，2013.

[5] 中国标准化委员会. GB/T 18488.1—2015 电动汽车用驱动电机系统 第1部分：技术条件[S]. 北京：中国质检出版社，2014.

[6] 中国标准化委员会. GB/T 18488.2—2015 电动汽车用驱动电机系统 第2部分：实验方法[S]. 北京：中国质检出版社，2014.

[7] 龚熙国. 高压IGBT模块应用技术[M]. 北京：机械工业出版社，2015.

[8] 乌曼. 电机学[M]. 刘新正，苏少平，高琳，译. 北京：电子工业出版社，2014.

纯电动汽车电机及传动系统检修

任务工单

机械工业出版社

目 录

任务工单 1.1 ··· 1
   动力总成认知 ·· 1

任务工单 1.2 ··· 4
   减速器拆装与检测 ··· 4

任务工单 2.1 ··· 7
   永磁同步电机更换 ··· 7

任务工单 2.2 ··· 10
   永磁同步电机检测 ··· 10

任务工单 3.1 ··· 13
   电机控制器拆装与检测 ·· 13

任务工单 3.2 ··· 17
   电机控制系统性能测试与故障排除 ·· 17

任务工单 3.3 ··· 20
   冷却系统认知与检测 ··· 20

任务工单 1.1

任务名称	动力总成认知	学时	4	班级	
学生姓名		学生学号		任务成绩	
实训设备、工具及仪器	吉利帝豪 EV450 轿车 4 辆，组合工具 4 套、扭力扳手 2 把	实训场地	一体化教室	日期	
任务描述	小王在新能源汽车某 4S 店工作，今天接了一辆吉利帝豪 EV450 轿车，该车转向行驶时，右前轮处发出间断性噪声。经检查，师傅告诉小王需要对动力传动系统进行检查、拆解。你知道如何安全、规范地拆装、检查动力传动系统吗？				
任务目的	请根据任务要求，安全、规范地拆装吉利帝豪 EV450 轿车动力传动系统。				

一、资讯

1. 传统动力总成仍然采用内燃机汽车的动力总成布置形式，包括_____、变速器、_____和驱动桥等总成，只是将内燃机替换为_____，是在燃油车基础上改型的电动汽车。

2. 纯电动汽车的动力总成系统布置结构主要有 3 种典型形式，即传统的驱动方式、_____与驱动桥组合的驱动方式和_____分散驱动方式。

3. 传统动力总成布置形式结构复杂、传动效率_____，不能充分发挥驱动电机的高效性能。

4. 驱动电机与驱动桥组合式动力总成布置形式即在驱动电机端盖的_____处加装减速齿轮和差速机构等，驱动电机、_____、差速器的轴相互平行，一起组合成一个驱动整体。

5. 随着电动汽车不断发展成熟，主机厂和大型零部件制造商对于电机驱动系统的整合能力不断提高，电机驱动系统逐渐演变为一个_____，驱动电机与减速驱动桥同轴，即_____系统。

6. 轮边驱动电机安装在_____旁边，或者直接安装在_____里，主要有_____外转子和内转子外定子两种结构。

7. 帝豪 EV450 纯电动汽车驱动电机额定功率为 42kW，峰值功率可达_____kW，额定转矩为_____N·m，峰值转矩可达 250N·m，最高转速为 12000r/min。采用_____减速器，总减速比为_____，减速器转矩容量为 300N·m，最高输出转矩为_____N·m，采用飞溅润滑的方式，减速器油牌号为 Dexron Ⅳ型，容量为 1.7L，传动效率大于_____。

8. 电机控制器根据车辆当前状态及驾驶人的_____，向驱动电机输出一定_____和幅值的三相交流电，驱动电机产生转矩将动力传递到_____，动力经过单档减速器中的一级减速后进入主减速器和差速器，再由差速器两个半轴齿轮传递到单档减速器两侧的_____伸缩万向节，通过半轴

1

传递到车轮。

9. 吉利帝豪 EV450 轿车的电机控制器内还包括 DC/DC 变换器,将动力蓄电池的_____直流电转变为_____V 的低压直流电为辅助蓄电池充电,以供全车_____电气系统使用。

10. 写出下图中各个部件的名称和作用。

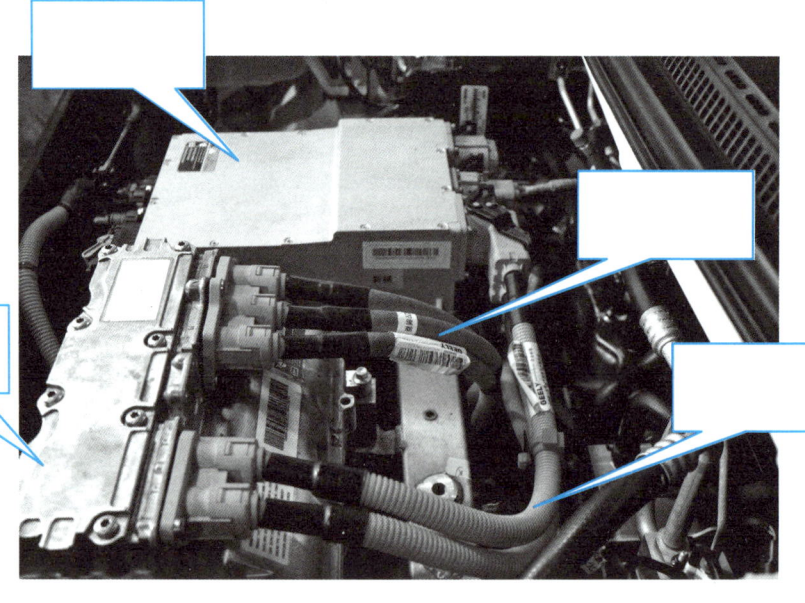

_____
_____
_____
_____
_____
_____

二、计划与决策

根据任务要求,确定所需要的仪器、工具,并对小组成员进行合理分工,制订详细的吉利帝豪 EV450 轿车驱动半轴更换计划。

1. 需要的仪器、工具

2. 小组成员分工

3. 吉利帝豪 EV450 轿车驱动半轴更换计划

任务工单 1.1

三、实施

1）使用冲子松开半轴_____螺母。
2）拆卸半轴_____螺母。
3）拆卸万向节和_____的连接螺母，取出螺栓。
4）取出半轴的_____。
5）使用专用工具 GL401-002 适当向外拉动_____，拆下驱动轴的_____端。
6）安装半轴内端至_____一侧。在安装过程中应防止跌落半轴总成，不得损坏防尘罩和_____。注意：在安装过程中应用力推入，并确认是否安装到位。
7）安装万向节和_____的螺栓，紧固螺母，紧固力矩为_____N·m。
8）安装半轴_____锁止螺母，紧固力矩为_____N·m。
9）使用_____锁止半轴固定锁止螺母。

通过上述过程，总结吉利帝豪 EV450 轿车动力传递系统拆装过程中需要注意的事项：
1）_____
2）_____
3）_____

四、检查

更换吉利帝豪 EV450 轿车驱动半轴并进行如下检查：
1）检查万向节和前减振器的螺栓紧固力矩：_____。
2）检查半轴外固定锁止螺母、螺栓紧固力矩：_____。
3）检查半轴固定锁止螺母的锁止缺口：_____。
4）检查万向节防尘套：_____。

五、评估

1. 根据自己任务完成的情况，对自己的工作进行自我评估，并提出改进意见。
1）_____
2）_____
3）_____

2. 工单成绩（总分为自我评价、组长评价和教师评价得分值的平均值）

自 我 评 价	组 长 评 价	教 师 评 价	总　　分

任务工单 1.2

任务名称	减速器拆装与检测		学时	4	班 级	
学生姓名			学生学号		任务成绩	
实训设备、工具及仪器	吉利帝豪 EV450 轿车 4 辆，组合工具 4 套、扭力扳手 2 把、EV450 减速器 4 个		实训场地	一体化教室	日 期	
任务描述	小王在新能源汽车某 4S 店工作，今天接了一辆吉利帝豪 EV450 轿车，该车行驶中伴随变速时从底盘前部传来异响声。经检查，师傅告诉小王需要将减速器总成拆解后检查。你知道如何安全、规范地拆装减速器总成吗？					
任务目的	请根据任务要求，安全、规范地拆装吉利帝豪 EV450 轿车减速器总成。					

一、资讯

1. 对于纯电动汽车，电机从_____转速开始就能全转矩输出，没有怠速问题困扰，_____转矩比内燃机大。

2. 对于纯电动汽车不存在起步问题，就不需要搭配"_____减速器"。

3. _____齿比的减速器可以满足电动汽车_____和加速的动力需求，电机本身_____运行也可以使整车跑出高速度。

4. 对于电动汽车来说，不同转速下电能转化为机械能的效率区别_____，电机噪声也_____内燃机，不必刻意压低电机_____。

5. 以特斯拉和日产聆风为代表的一些主流纯电动汽车并没有搭载_____，而是单纯搭载一组_____，并且不提供_____功能。

6. 减速器介于驱动电机和_____之间，驱动电机的动力输出轴通过_____直接与减速器输入轴齿轮连接。

7. 吉利帝豪轿车减速器具有体积小、结构紧凑的特点，采用前进档和_____档共用结构进行设计，整车倒档通过电机_____实现。

8. 减速器动力传动机械部分是依靠_____级齿轮副来实现减速_____。

9. 驾驶人操作电子换档器进入_____位，电子换档器将驻车请求信号发送到_____（VCU），VCU 结合当前驱动电机_____及_____情况判断是否符合驻车条件。

10. 解除驻车完成后，_____将收到减速器发出的档位位置信号，并将此信号反馈给_____，完成换档过程。

11. 写出下图中各个部件的名称和作用。

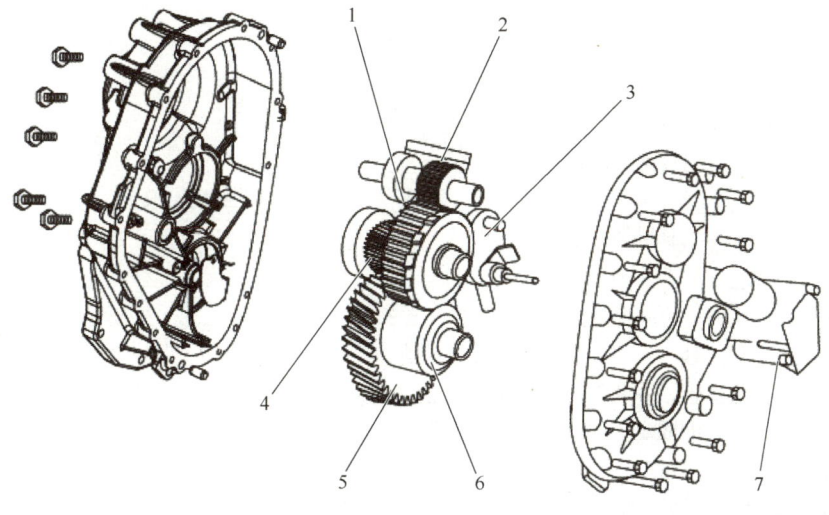

_____
_____
_____
_____
_____

二、计划与决策

根据任务要求，确定所需要的仪器、工具，并对小组成员进行合理分工，制订详细的吉利帝豪EV450轿车减速器总成拆装计划。

1. 需要的仪器、工具

2. 小组成员分工

3. 吉利帝豪 EV450 轿车减速器总成拆装计划

三、实施

1）按照规范进行下电操作。
2）拆卸_____模块两个固定螺栓，取下_____。
3）拆卸_____3 个固定螺栓和_____个支架固定螺栓，取下_____。
4）使用_____工具拆卸半轴_____。
5）拆卸减速器_____固定螺栓。
6）使用_____工具撬下减速器_____。注意勿撬减速器壳体_____。
7）拆卸_____轴。拆卸_____位锁止轴。
8）拆卸_____轴，拆卸差速器总成_____轴和减速器。
9）拆卸_____位齿圈固定卡扣，取下 P 位_____。
10）拆卸输入轴_____。
11）使用合适工具拆卸半轴_____。注意半轴油封为_____零部件，每次拆卸后需要更换新的半轴_____。

通过上述过程，总结吉利帝豪 EV450 轿车减速器总成拆装过程中需要注意的事项：
1）_____
2）_____
3）_____

四、检查

拆装吉利帝豪 EV450 轿车减速器总成并进行如下检查：
1）检查减速器端盖之间固定螺栓力矩：_____。
2）检查减速器加放油口：_____。
3）检查减速器轴承安装：_____。
4）检查油位：_____。

五、评估

1. 根据自己任务完成的情况，对自己的工作进行自我评估，并提出改进意见。
1）_____
2）_____
3）_____

2. 工单成绩（总分为自我评价、组长评价和教师评价得分值的平均值）

自 我 评 价	组 长 评 价	教 师 评 价	总　　分

任务工单 2.1

任务名称	永磁同步电机更换	学时	4	班级	
学生姓名		学生学号		任务成绩	
实训设备、工具及仪器	吉利帝豪 EV450 轿车 4 辆，组合工具 4 套、扭力扳手 2 把	实训场地	一体化教室	日　期	
任务描述	一辆吉利帝豪 EV450 轿车，装备永磁同步电机，因驱动电机受到磕碰需更换，师傅告知小王需拆下电机及减速器。你知道如何安全、规范地进行电机更换吗？				
任务目的	请根据任务要求，安全、规范地更换吉利帝豪 EV450 轿车驱动电机。				

一、资讯

1. 电机驱动系统一般由电机和_____（功率变换器）等组成。
2. 电机是以磁场为媒介进行电能和_____能互相转换的电磁装置，在电动汽车驱动过程中作为电动机运行，将_____中存储的电能转换为机械能驱动车辆运行，在制动或减速过程中作为_____运行，将机械能转化为_____存储在动力蓄电池中。
3. 电机控制器输出特定的_____和电流调节电机的运行，以产生所需的_____和转速。
4. 在能量变换过程中存在电能、机械能和_____能量损失，这会影响能量转换效率，但是一般来说，电机的能量转换效率远_____于其他设备的能量转换效率。
5. 相对于内燃机来说，电机的主要优势在于它可以在_____速运行时提供较大的峰值转矩，并且可以短时间内提供额定功率_____以上的_____功率。
6. 在_____行驶范围内电机的能量转换效率远远高于内燃机，所以电动汽车低速及中低速行驶时的_____效率和_____优于内燃机汽车。
7. 同一台电机既可以作为电动机，也可以作为_____，而只需要相应改变_____。
8. 电生磁是奥斯特发现的，其现象是通电导体周围存在_____。电和_____是不可分割的，它们始终交织在一起，简单地说，就是电生磁、_____。
9. 永磁同步电机与普通三相交流异步电机的不同是_____结构不同，转子上安装有_____。
10. 画出下图中磁场的旋转方向，写出磁场产生的原因。

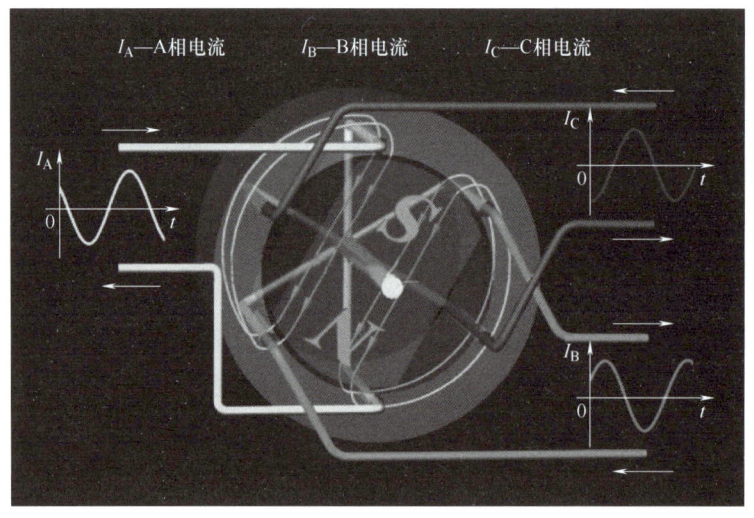

二、计划与决策

根据任务要求,确定所需要的仪器、工具,并对小组成员进行合理分工,制订详细的吉利帝豪 EV450 轿车驱动电机更换计划。

1. 需要的仪器、工具

2. 小组成员分工

3. 吉利帝豪 EV450 轿车驱动电机更换计划

三、实施

1) 断开_____控制器插头（驻车电机线束插头）。
2) 断开减速器_____插头。
3) 拆卸线束卡扣。
4) 断开驱动电机_____插头。
5) 拆卸线束卡扣。
6) 拆卸线束_____线。
7) 拆卸驱动电机进、出水管_____。注意：水管脱开前请在车辆底部放置容器，接住_____，以免污染地面。拆卸或安装水管环箍时都应使用专用的_____钳。
8) 拆卸后悬置，放置_____车。
9) 拆卸动力总成_____个固定螺母。
10) 缓慢下降_____。
11) 拆卸驱动电机及减速器总成之间的_____，将驱动电机和减速器_____。

通过上述过程，总结吉利帝豪 EV450 轿车驱动电机拆装过程中需要注意的事项：

1) _____
2) _____
3) _____

四、检查

更换吉利帝豪 EV450 轿车驱动电机并进行如下检查：

1) 检查紧固驱动电机及减速器连接螺栓紧固力矩：_____。
2) 检查紧固动力总成两个固定螺栓紧固力矩：_____。
3) 检查连接驱动电机进、出水管的环箍装配位置：_____。
4) 检查线束搭铁线是否安装到位：_____。

五、评估

1. 根据自己任务完成的情况，对自己的工作进行自我评估，并提出改进意见。

1) _____
_____
2) _____
_____
_____
3) _____
_____

2. 工单成绩（总分为自我评价、组长评价和教师评价得分值的平均值）

自 我 评 价	组 长 评 价	教 师 评 价	总　　分

任务工单 2.2

任务名称	永磁同步电机检测		学时	4	班 级	
学生姓名			学生学号		任务成绩	
实训设备、工具及仪器	吉利帝豪 EV450 轿车 4 辆，组合工具 4 套、扭力扳手 2 把		实训场地	一体化教室	日 期	
任务描述	一辆吉利帝豪 EV450 轿车，装备永磁同步电机，行驶中驱动电机处传出较大的振动和噪声。经检查，驱动电机三相线束存在短路故障，更换三相线束后，上述故障现象消失。					
任务目的	请根据任务要求，安全、规范地诊断驱动电机振动与噪声较大故障。					

一、资讯

1. 纯电动汽车与普通燃油汽车最主要的区别在于_____驱动系统，电机往往具有电驱动和_____两种功能，满足车辆在驱动行驶和_____等多种工作模式的需要。

2. 纯电动汽车用驱动电机应具有宽广的调速范围，包括_____区和恒功率区。

3. 在_____区，要求低转矩时具有较高速度，以满足汽车在平坦路面能够高速行驶。

4. 纯电动汽车用驱动电机应能够在汽车减速时实现_____，将能量回收并反馈回动力蓄电池，提高纯电动汽车的_____率。这是在内燃机汽车上不能实现的。

5. 电机按照运行的方式可分为_____电机、_____电机和直线电机，按照通入电流的类型可分为直流电机和_____电机。

6. 永磁同步电机磁动势由_____产生，磁动势、_____和_____的波形均为正弦波形。

7. 吉利帝豪 EV450 轿车采用永磁同步电机，它主要由定子壳体总成、_____总成、后端盖总成、_____和深沟球轴承等组成。

8. 机壳中含有_____水道，电机端盖上有旋转变压器，用以监测_____位置，控制器解码后可以获知电机_____。

9. 定子上有_____个温度传感器，埋设在定子绕组中，用以监测电机的_____温度，控制器可以通过加速_____运转与_____运行等措施保护电机，避免过热。

10. 旋转变压器是_____传感器，用于确定电机转子的位置，便于电机控制器输出正确_____和_____的电压控制电机运转。旋转变压器转子安装在_____上，随其共同转动，旋转变压器定子安装在驱动电机后盖上。

11. 写出下图中旋转变压器的工作原理及如何判断转子位置。

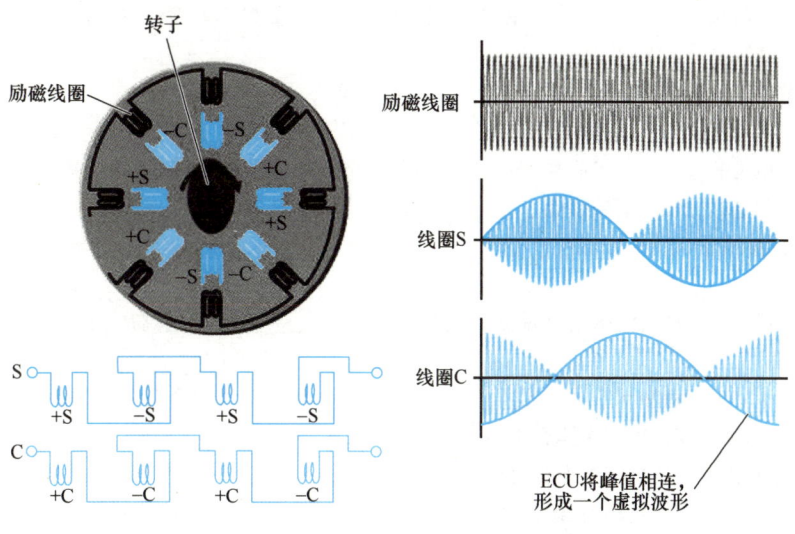

_____
_____
_____
_____
_____

二、计划与决策

根据任务要求，确定所需要的仪器、工具，并对小组成员进行合理分工，制订详细的吉利帝豪 EV450 轿车驱动电机异响、强烈振动等故障计划。

1. 需要的仪器、工具

2. 小组成员分工

3. 吉利帝豪 EV450 轿车驱动电机异响、强烈振动诊断计划步骤

三、实施

1）检查电机前端盖与_____壳体连接螺栓是否紧固。如果不紧固，需要紧固电机固定螺栓。
2）检查冷却管路有无老化、_____、_____。
3）确认散热器、管路无_____或_____现象。
4）检查驱动电机_____线束插接器是否插接牢固、无松脱。
5）检查三相线束_____紧固力矩（电机控制器侧）是否符合标准（标准力矩为_____N·m）。
6）断开驱动电机三相线束插接器_____和EP61。
7）用万用表测量BV19-1与_____、BV19-1与_____、BV19-2与_____之间的电阻。
8）拆卸电机，用除锈清洗剂清洗端盖，确认端盖无_____、无杂物、止口无_____、无碰伤。
9）用内径千分尺测量轴承室，应无_____、甩圈、轴承室尺寸合格。否则修理或更换后端盖。
10）用密封检测工装，检测壳体有无_____现象。
11）用水道检测工装，检测水道是否有_____、水_____是否满足冷却要求。
12）复测转子动平衡。若超出规定数值，需重新标定_____。确认故障是否排除。
13）用胶带清理转子灰尘、杂物，用_____清除转子锈迹。
14）用电阻计检测旋变定子_____值。

通过上述过程，总结吉利帝豪EV450轿车驱动电机异响、强烈振动诊断注意事项：

1）_____
2）_____
3）_____

四、检查

诊断吉利帝豪EV450轿车驱动电机异响、强烈振动故障现象并进行如下检查：

1）检查三相线束固定螺栓紧固力矩：_____。
2）检查轴承室有无磨损、甩圈、轴承室尺寸：_____。
3）检查转子铁心外径有无鼓起、破损、剐蹭现象：_____。
4）检查电机定子各项耐压、绝缘：_____。

五、评估

1. 根据自己任务完成的情况，对自己的工作进行自我评估，并提出改进意见。

1）_____
_____
2）_____
_____
3）_____

2. 工单成绩（总分为自我评价、组长评价和教师评价得分值的平均值）

自 我 评 价	组 长 评 价	教 师 评 价	总　　分

任务工单 3.1

任务名称	电机控制器拆装与检测		学时	4	班 级	
学生姓名			学生学号		任务成绩	
实训设备、工具及仪器	吉利帝豪 EV450 轿车 4 辆，组合工具 4 套、扭力扳手 2 把		实训场地	一体化教室	日 期	
任务描述	一辆吉利帝豪 EV450 轿车，装备永磁同步电机，车辆无法行驶。经检查，电机控制器逆变器模块存在故障，更换电机控制器后，上述故障现象消失。					
任务目的	请根据任务要求，安全、规范地更换电机控制器。					

一、资讯

1. VCU 能根据_____发出各种指令，电机控制器采用_____通信控制，响应反馈并实时调整_____输出，同时采集电机位置信号和三相电流检测信号，精确控制整车的怠速、前行、倒车、停车、_____及驻坡等功能。

2. 电机控制器是一个既能将动力蓄电池中的直流电转换为_____来驱动电机，同时具备将车轮旋转的动能转换为电能（交流电转换为直流电）给动力蓄电池_____的设备。

3. 在车辆制动或滑行阶段，驱动电机作为_____应用。它可以完成由车轮旋转的动能到电能的转换，给动力蓄电池充电。

4. 电机控制器的三相交流高压线束连接驱动电机，_____高压线束并不与动力蓄电池直接连接，而是从动力蓄电池经由_____后到电机控制器，此时车载充电机充当了高压_____的作用，其两相高压电经过车载充电机时并不经过_____。

5. 升降压变换器（DC/DC 变换器）集成在电机控制器内部，其功能是将动力蓄电池的高压电转换为_____，给整车低压系统供电。

6. 加速踏板位置传感器信号将_____传递给 VCU，VCU 通过 CAN 总线将信号传递给电机控制器，从而形成相适应的_____驱动电机运转。

7. 吉利帝豪 EV450 轿车的加速踏板位置传感器设计成_____传感器，两个传感器的输出电压信号都随加速踏板的踩下距离增加而_____。

8. 制动踏板开关内部有_____开关，一组为动断开关，另一组为动合开关。VCU 通过两组开关_____的变化判断驾驶人的制动或_____意图。

9. 电机控制器内部包含_____个DC-AC逆变器和_____个DC/DC变换器，逆变器由IGBT、_____、驱动和控制电路板等组成，实现直流（可变的电压、电流）与交流（可变的电压、电流、频率）之间的转变。

10. 直流转换器由高低压功率器件、_____、电感器、驱动和控制电路板等组成，实现直流高压向_____的能量传递。

11. 写出下图中电机控制器输入、输出哪些信号，是如何进行工作的。

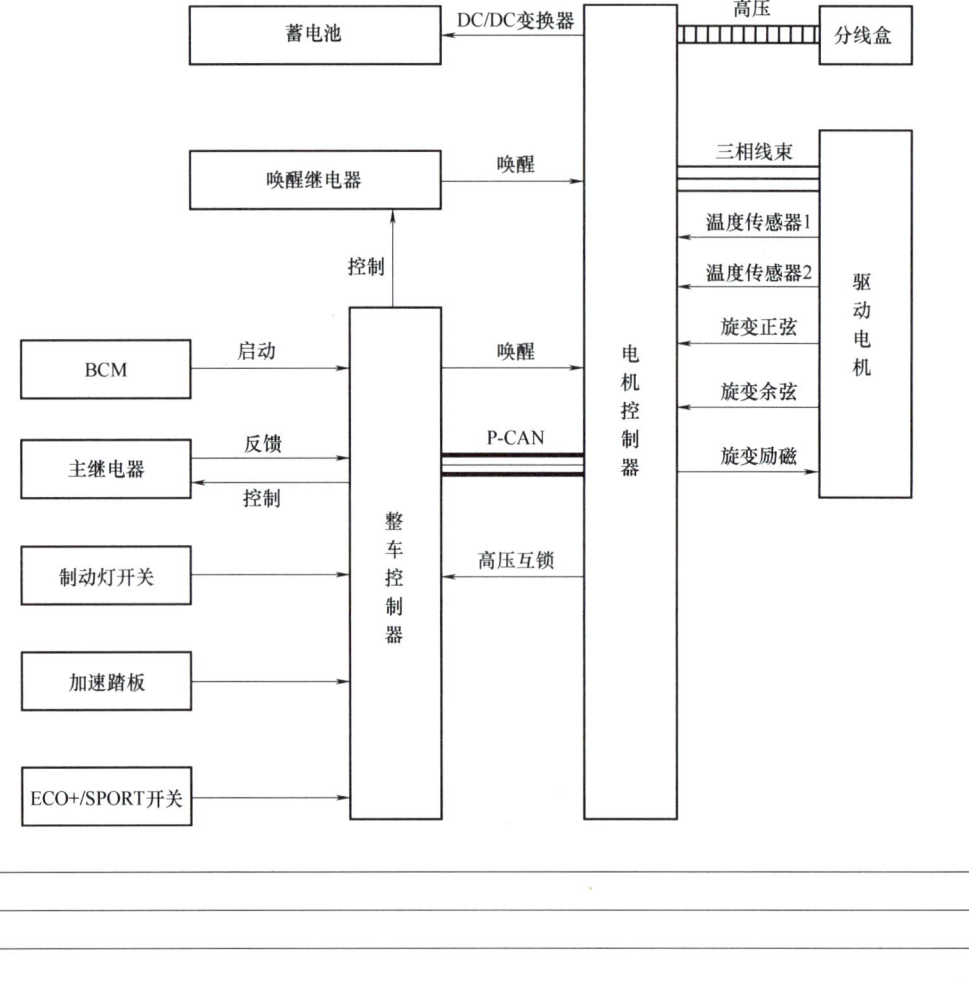

_____
_____
_____
_____
_____
_____
_____

二、计划与决策

根据任务要求，确定所需要的仪器、工具，并对小组成员进行合理分工，制订详细的吉利帝豪EV450轿车电机控制器更换计划。

1. 需要的仪器、工具

2. 小组成员分工

3. 吉利帝豪 EV450 轿车电机控制器更换步骤

三、实施

1) 拆卸电机控制器上盖。拆卸上盖_____个螺栓，取下电机控制器上盖。
2) 拆卸驱动电机三相线束插接器（电机控制器侧）_____个固定螺栓。
3) 拆卸驱动电机三相线束插接器（电机控制器侧）_____个固定螺栓，脱开三相线束。
4) 拆卸电机控制器高压线束插接器（电机控制器侧）_____个固定螺栓。
5) 拆卸电机控制器_____（电机控制器侧）两个固定螺栓，脱开线束。
6) 取下电机控制器_____防尘盖。
7) 断开电机控制器_____。
8) 拆卸电机控制器_____根搭铁线束的固定螺母，脱开搭铁线束。
9) 脱开电机控制器_____和_____。注意：水管脱开前应在车辆底部放置容器，接住冷却液，以免污染地面。
10) 拆卸电机控制器的_____个固定螺栓，取下电机控制器总成。
11) 安装电机控制器进、出水管。
12) 紧固电机控制器 4 个固定螺栓，力矩为_____N·m。
13) 连接电机控制器线束插头。
14) 连接两根搭铁线，紧固螺母，力矩为_____N·m，盖上防尘盖。
15) 连接三相线束，紧固驱动电机三相线束插接器（电机控制器侧）3 个固定螺栓，力矩为_____N·m。
16) 紧固驱动电机三相线束插接器（电机控制器侧）3 个固定螺栓，力矩为_____N·m。
17) 连接线束，紧固分线盒电机控制器高压线束插接器（电机控制器侧）两个固定螺栓，力矩为_____N·m。
18) 紧固分线盒电机控制器_____（电机控制器侧）两个固定螺栓，力矩为 7N·m。
19) 放置电机控制器上盖，紧固电机控制器上盖 8 个螺栓，力矩为 9N·m。注意电机控制器端盖合盖时采取_____拧紧。

通过上述过程，总结吉利帝豪 EV450 轿车电机控制器更换注意事项：
1) _____
2) _____
3) _____

四、检查

对吉利帝豪 EV450 轿车电机控制器更换并进行如下检查：
1) 检查紧固电机控制器 4 个固定螺栓紧固力矩：_____。

2）检查紧固驱动电机三相线束插接器3个固定螺栓紧固力矩：_____。
3）检查紧固分线盒电机控制器高压线端子两个固定螺栓：_____。
4）检查电机控制器各高、低压插接器连接情况：_____。

五、评估

1. 根据自己任务完成的情况，对自己的工作进行自我评估，并提出改进意见。

1）_____
_____

2）_____
_____

3）_____

2. 工单成绩（总分为自我评价、组长评价和教师评价得分值的平均值）

自 我 评 价	组 长 评 价	教 师 评 价	总　　分

任务工单 3.2

任务名称	电机控制系统性能测试与故障排除	学时	4	班级	
学生姓名		学生学号		任务成绩	
实训设备、工具及仪器	吉利帝豪 EV450 轿车 4 辆，组合工具 4 套、扭力扳手 2 把	实训场地	一体化教室	日期	
任务描述	一辆吉利帝豪 EV450 轿车，装备永磁同步电机，车辆仪表显示电机过温故障。经检查，电机温度传感器 1 存在断路故障，更换驱动电机后，上述故障现象消失。				
任务目的	请根据任务要求，安全、规范地更换电机控制器。				

一、资讯

1. 吉利帝豪 EV450 轿车上，由动力蓄电池经由_____传来的 HV + 与 HV – 两相高压直流电进入电机控制器后经过 EMC 滤波，再并联上_____后供给 IGBT 模组处。电机控制器内部的_____实时监测与驱动电机之间的 U、V、W 三相交流高压电的电流值。

2. 低压电源输入接口为_____与 KL15。其与车载充电机之间连有_____。

3. 电机控制器内的 DC/DC 变换器经由 KL30 端子向蓄电池输出_____低压直流电，_____为其接地端子。

4. 电机控制器内的计算控制单元接收驱动电机传来的电机定子_____信号与电机转子位置（旋变）信号，判断电机当前工况，通过通信 CAN 线将信息传递给_____，同时通过 CAN 线接收 VCU 传来的控制信号，控制_____工作。

5. IGBT（绝缘栅双极型晶体管）是一种_____电力电子元器件，功率开关器件主要有 3 种，分别是不可控器件——二极管、半控型器件——晶闸管、全控型器件——如_____。

6. 吉利帝豪 EV450 轿车电机控制器采用三相两电平_____型逆变器。

7. 驱动电机系统的控制中心又称为_____模块，它以 IGBT 模块为核心，辅以_____电路、主控集成电路来完成逆变工作。

8. IGBT 模块共有_____个 IGBT。

9. 当 U、V、W 三相在初始位置时，U 相电压位于零点，没有_____，W 相电压位于正电位的高位，V 相电压位于负电位的低位，W 相与 V 相电压之间有较大的_____。

10. 当电机控制器从 VCU 处得到_____输出命令时，将动力蓄电池提供的直流电转化成三相正弦交流电，驱动电机输出转矩，通过机械传输来驱动车辆。

11. 写出下图中电机控制器此时的工作状态和下一时刻各个 IGBT 的工作状态。

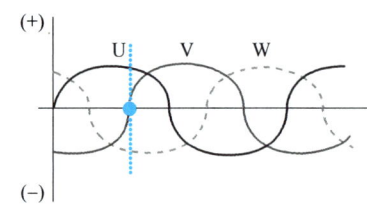

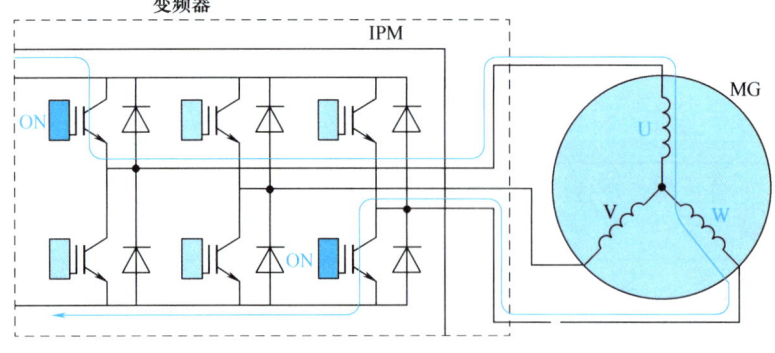

_____
_____
_____
_____
_____
_____

二、计划与决策

根据任务要求，确定所需要的仪器、工具，并对小组成员进行合理分工，制订详细的吉利帝豪 EV450 轿车驱动电机过温故障诊断计划。

1. 需要的仪器、工具

2. 小组成员分工

3. 吉利帝豪 EV450 轿车驱动电机过温故障诊断计划步骤

三、实施

1) 连接故障诊断仪，读取系统_____。
2) 确认系统是否存在其他故障码。否则_____排除其他故障码指示故障。
3) 检查冷却管路无弯曲、折叠、_____现象。
4) 确认膨胀罐中的冷却液液位是否正常。若不足则添加_____。
5) 确认电动水泵是否_____。优先排除冷却系统故障。
6) 断开电机控制器线束插接器 BV11。
7) 用万用表测量电机控制器线束插接器 BV11 端子的 1、11 与_____之间的电阻。标准电阻：小于_____Ω。
8) 检查电机温度传感器 1、温度传感器 2 自身的阻值。20℃时，正常电阻阻值约为_____Ω，阻值随温度升高而_____，阻值随温度降低而_____。
9) 断开电机控制器线束插接器 BV13 与_____，测量各端子信号。BV13-1 与车身接地的标准电阻为_____kΩ 或更高，确定测量值是否符合标准。
10) 测量各端子信号，BV13-2 与 BV11-7 之间的电阻为_____，标准电阻为_____。确定测量值是否符合标准。

通过上述过程，总结吉利帝豪 EV450 轿车驱动电机过温故障诊断注意事项：
1) _____
2) _____
3) _____

四、检查

诊断吉利帝豪 EV450 轿车驱动电机过温故障现象并进行如下检查：
1) 检查冷却液是否充足：_____。
2) 检查冷却管路状态：_____。
3) 检查驱动电机与电机控制器之间信号线束：_____。
4) 检查驱动电机温度传感器电路：_____。

五、评估

1. 根据自己任务完成的情况，对自己的工作进行自我评估，并提出改进意见。
1) _____
2) _____
3) _____

2. 工单成绩（总分为自我评价、组长评价和教师评价得分值的平均值）

自我评价	组长评价	教师评价	总　分

任务工单 3.3

任务名称	冷却系统认知与检测	学时	4	班 级	
学生姓名		学生学号		任务成绩	
实训设备、工具及仪器	吉利帝豪 EV450 轿车 4 辆,组合工具 4 套、扭力扳手 2 把	实训场地	一体化教室	日 期	
任务描述	一辆吉利帝豪 EV450 轿车,装备永磁同步电机,车辆仪表显示电动水泵故障。经检查,电动水泵不工作,更换电动水泵后,上述故障现象消失。				
任务目的	请根据任务要求,安全、规范地更换冷却系统电动水泵。				

一、资讯

1. 驱动电机、电机控制器在工作中由于不能将电能全部转化为_____能,会产生一部分热,天气炎热时需要对其进行强制_____。电动汽车一般采用的方法是水冷,即在电机控制器与驱动电机中布置_____,由电动水泵驱动冷却液使之循环,将热量带到散热器进行散热。该冷却系统的状态形式与传统汽车的发动机冷却系统类似。

2. 吉利帝豪 EV450 轿车动力总成部分冷却系统包括电机控制器、_____、驱动电机、电动水泵、_____、散热器、散热器风扇、VCU 及相关管路等。

3. 吉利帝豪 EV450 轿车冷却系统(动力总成/蓄电池)有_____个电动水泵。

4. 电动水泵由_____电路驱动,为冷却液的循环提供压力。

5. 经过散热器冷却后的冷却液在电动水泵的驱动下,先流经电机控制器,经过_____,再进入驱动电机内的水道,通过_____三通阀把热量带回散热器,散热后,继续上述循环。

6. 膨胀罐是一个_____,类似于前风窗玻璃清洗剂罐。膨胀罐通过水管与_____连接。随着冷却液的温度逐渐升高并膨胀,部分冷却液因_____而从车载充电机中流入膨胀罐。

7. 车辆停止后,冷却液自动冷却并收缩,先前排出的冷却液被_____散热器。因而,使散热器中的冷却液一直保持在_____的液面,并_____冷却效率。

8. 冷却风扇采用_____风扇,_____速的控制模式,通过两个不同的电极驱动扇叶。

9. 冷却风扇由 VCU 利用冷却风扇_____继电器和冷却风扇_____继电器直接控制。在低速电路中,采用串联_____的方式来改变风扇的转速。

10. 在冷却系统控制中处于_____地位,通过_____线接收车载充电机和电机控制器传来的温度信号,控制电动水泵和_____的工作。

11. 写出下图中两个冷却循环的工作方式以及互相连接的情况。

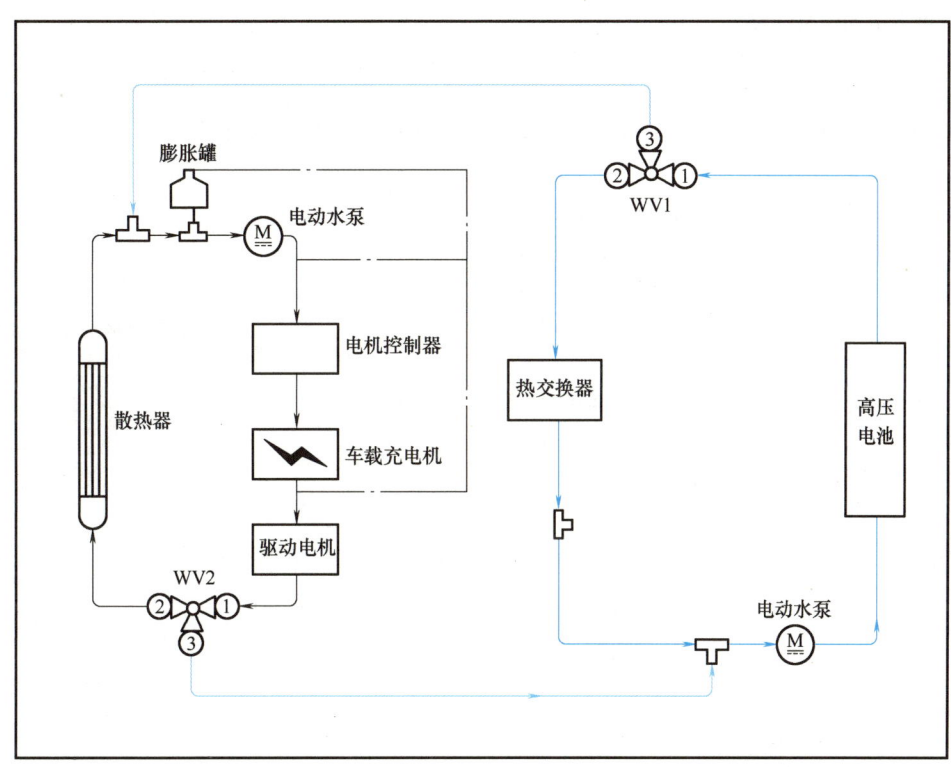

_____
_____
_____
_____
_____
_____

二、计划与决策

根据任务要求，确定所需要的仪器、工具，并对小组成员进行合理分工，制订详细的吉利帝豪 EV450 轿车冷却系统电动水泵、冷却风扇更换计划。

1. 需要的仪器、工具

2. 小组成员分工

3. 吉利帝豪 EV450 轿车冷却系统电动水泵、冷却风扇更换计划步骤

三、实施

1) 断开电动水泵线束_____。
2) 拆卸环箍，脱开散热器_____管（电动水泵侧）。
3) 拆卸环箍，脱开_____总成进水管（电动水泵侧）。
4) 拆卸电动水泵_____。注意：水管脱开前应在车辆底部放置容器，接住_____，以免污染地面。
5) 放置电动水泵，安装电动水泵螺栓。紧固力矩为_____N·m。
6) 安装电动水泵线束插接器。注意插接时_____。
7) 安装环箍，安装散热器出水管（电动水泵侧）。
8) 安装环箍，安装电机控制器进水管（电动水泵侧）。注意_____装配位置应该与管路标识线对齐。
9) 断开冷却风扇_____个线束插接器，脱开线束固定卡扣。
10) 拆卸冷却风扇固定螺栓，脱开_____卡扣。
11) 拆卸冷却风扇_____螺栓。
12) 向上取出冷却风扇。

通过上述过程，总结吉利帝豪EV450轿车冷却系统电动水泵、冷却风扇注意事项：

1) _____
2) _____
3) _____

四、检查

诊断吉利帝豪EV450轿车驱动电机过热情况并进行如下检查：

1) 检查冷却液电动水泵插头：_____。
2) 检查电动水泵冷却管路状态：_____。
3) 检查冷却风扇两个线束插接器：_____。
4) 检查膨胀罐冷却液液位：_____。

五、评估

1. 根据自己任务完成的情况，对自己的工作进行自我评估，并提出改进意见。

1) _____
2) _____
3) _____

2. 工单成绩（总分为自我评价、组长评价和教师评价得分值的平均值）

自 我 评 价	组 长 评 价	教 师 评 价	总　　分